留白课堂

小学语文课堂革命的挑战

鲍海淞 著

华夏出版社
HUAXIA PUBLISHING HOUSE

图书在版编目（CIP）数据

留白课堂：小学语文课堂革命的挑战 / 鲍海淞著 . -- 北京：华夏出版社，2018.5
ISBN 978-7-5080-9406-9

Ⅰ . ①留… Ⅱ . ①鲍… Ⅲ . ①小学语文课 – 课堂教学 – 教学研究 Ⅳ . ① G623.202

中国版本图书馆 CIP 数据核字 (2017) 第 327577 号

留白课堂：小学语文课堂革命的挑战

作　　者	鲍海淞
责任编辑	赵学静
出版发行	华夏出版社
经　　销	新华书店
印　　刷	三河市少明印务有限公司
装　　订	三河市少明印务有限公司
版　　次	2018 年 5 月北京第 1 版 2018 年 5 月北京第 1 次印刷
开　　本	720×1030　1/16 开
印　　张	11
字　　数	138 千字
定　　价	49.00 元

华夏出版社　　地址：北京市东直门外香河园北里 4 号　　邮编：100028
　　　　　　　　网址：www.hxph.com.cn　　　电话：（010）64618981
若发现本版图书有印装质量问题，请与我社联系调换。

| 推荐序 |

留白新课堂，教学新景色
——读鲍海淞《留白课堂》有感

大家都强烈感受到新世纪育人需要新课堂。现在大家经常说的一句话是"未来已来"。可惜放眼望去，旧课堂的惰性十分顽强，未来还遥遥无期，甚至令人焦急。可以说，政府、家长、学生、老师和校长等各个方面，对学校教育都不甚满意和不敢放心。梦想总是有的，但是在现实中却屡屡碰壁。问题究竟在哪里呢？怎么来身体力行地加以改变呢？

杭州濮家小学教育集团语文名师鲍海淞的新著《留白课堂——小学语文课堂革命的挑战》，就是从一个侧面探讨了这个问题。鲍老师是从哪里开始反思自己的"成功"，反思许许多多"优质"课堂存在的问题的呢？请让我引用她在开篇中的几段话：

都说老师是孩子王，我确实让自己成了孩子们的"王"。课堂上，他们的目光总是习惯性地追随着我，眼神会为我而发亮。课堂上，朗

读最动听的人，是我；书写最美观的人，是我，回答问题最精彩的那个人，还是我。课堂上，他们已经习惯性地听我的话，跟着我的思想走，"看这里，再读一次；这段话写得多好啊，我们一起读一读；不要动，先听老师说"等一系列的指令，总是能在我各种"威逼利诱"下顺利达成……

这样的课堂，这样的老师，有没有问题呢？

有什么问题呢？很多老师就是这样"师道尊严"地教了一辈子书，也收获了不少尊敬啊！没有听话的孩子，又怎么可能一步一步地顺利完成教学任务呢？

又怎么会没有问题呢？这样的孩子太听话、太依赖老师了。孩子们来学校，是为了自身的发展与成长，而非来膜拜老师、做一部听话的机器。当老师成了主角，学生只是附属，那么又何来"青出于蓝而胜于蓝"？教学任务的顺利完成，难道比学生培养拥有独立的思想、习得语文的能力，更为重要吗？"师道尊严"难道仅体现为学生听话，而不是参透教育的真谛，以学生的成长来成就教师的尊严吗？

《留白课堂》开展了怎样的探索呢？怎样在课堂上让学生有积极投入、主动参与、热诚关注和真心喜爱呢？这同搞清楚"留白课堂"究竟是什么分不开。"留白"是一种隐喻，常被用来反映在艺术作品中时空变换、显隐交替、大小对照、虚实相间、远近映衬、多少比较、高低呼应、厚薄搭配、快慢适宜、轻重得当等特征。不过，人们借用"留白"这一术语，是想更好地协调万物发展进化的一种关系。古人说得好：大音希声，大象无形。这其实就是一种最出色的留白。

反映在教学上，我认为，课堂留白要改变的是一种教学乃至教育关系，有一种辩证、发展、生态、协调的观点。鲍老师所探讨的课堂留白，较为注重教师主导与学生自主、课堂学习与课前预学和课后拓展、教学中的舍与得、思与行、乐与忧、情与重、习与练、等与追、加与减、缓与急、藏与秀等等关系的处理。在这样的课堂上，学生之间、师生之间开展了拓展、质疑、生成、交流、扬长和异想等各种类型的留白活动。

不过，我认为，实际上，课堂留白抓住了最重要的关系是"扶与放"。可以说，旧课堂的弊端之一是"教师太成功，学生太听话"。教师是知识宝库，是讲台圣贤，是管理权威，是道德模范，留给学生的只能是听话、遵循、景仰甚至膜拜。这样的课堂要想培养适应新世纪需要的人才，真是有点难。鲍老师认为，课堂留白应倡导"以生为本，以学为主"，教师怎样放下身段或蹲下身子，先扶后放，有扶有放，扶放有度，这是留白课堂的应有之义，也是留白不白留的前提。

实际上，学生是最大的受益者，学生往往能够真切地感受到留白课堂给他们带来的喜悦和欢乐。有几位同学这样说道：

我们的语文课堂留白有"三奇"。第一是"课堂奇"，第二是"作业奇"，第三则是"活动奇"。课堂留白，既有趣又有用，真应该多加推广，让更多的小伙伴们的学习更有意义也更有意思！这就是我们最喜欢的课堂留白：happy & funny！

悄悄告诉你，我们最盼望的就是鲍老师直接"罢工"啦！那样我们就有机会学着鲍老师的样子，认真严肃地打理课堂，以我们喜欢的方式和台下的同学们互动了。瞧，同学们像模像样地指点、推敲、互动，活脱脱就是一位"mini 鲍"呢……

在我们的课堂上，老师常常不在讲台上。那讲台用来干吗呢？原来老师把讲台交给了我们。我的课堂我做主！

学生的褒奖是最好的激励，学生的心声是最真实的告白。鲍海淞老师在小学语文教学的天地里矢志不渝，辛勤耕耘，敏于思考，大胆

实践，敢于走出舒适区和自加压力，在留白课堂上迈出了先行的脚步。让我们细品《留白课堂》，开卷有益。良师益友就在眼前，真情睿智跃然纸上，这真是"留白新课堂，教学新景色"。

2017 年 11 月 16 日

于浙江大学

| 推荐序 |

方寸之白,天地之宽

    小学语文的教与学,总会给他人带来无忧无虑、天真烂漫之感。其实,在小语人的内心里,小学语文一直以来都是带着些许沉重的。作为学习汉语言文字、传承中华优秀文化的基础性课程,它承载着一代又一代人的希冀,引发社会与舆论的关注;作为培养社会主义建设者和接班人的母语奠基课程,每次改革它都会被置于风口浪尖,成为其他课程的标的。所以,小语几乎总是满当当又紧绷绷的——这么多年了,它需要个性的释放,需要适度的留白。留出课堂的方寸之白,才能彰显小语的天地之宽。

    留白,既有传统国画艺术之美,又有现代世界大家之气。鲍海淞老师将"留白"这一传统美学特征引入当今的语文课堂,真可谓独具匠心。她将课堂留白定位为表示新颖的课堂关系的一种模式,一种对课堂内师生活动和课程内容等方面的空间布局与时序的调节,明确提

出每节课都要有"10分钟"左右的留白,指向语文教学内容满满当当、环节设计环环相扣、教师强势把控、学生被动学习等问题,努力让留白成为课程与教学改革中留给学生自主探索的一个重要标志。这样的改革实践,既有明晰的理念引领,又有明确的操作策略;既有锐意改革的勇气,又有文化传承的积淀,难能可贵,可圈可点。

首先,贵在真。鲍海淞老师真诚回顾自己教学生涯中的得与失、成与败,坦承心中的愧疚,认为自己虽然深深地爱着每一个孩子,却未能给予他们最为恰当的教育方式,以自己的闪亮遮盖了他们的光芒,甚至以爱的名义强势地统一着他们的行动,扼杀着他们的思想。这样的剖析与认知不仅仅需要勇气,还需要断腕般的决心。对于留白课堂,她毫不回避最初的迷茫与无措,将自己与老师们在实践中的种种问题、点滴尝试与各种做法一一道来,逐步道明读懂儿童与读懂课堂的过程,真诚分享云开月明的惊喜与收获。不急着标榜,不只是彰显,我们可以看到的是一个小学语文教师自知的觉醒与自我的革新。

其二,贵在恒。从常态课堂的教,走向留白课堂的学,绝非一朝一夕之力,需要的是持之以恒之功。鲍海淞老师结合自己的课堂实例,从直面语文教学的舍与得,品味绿色课堂的乐与忧;到叩问教学环节的轻与重,反思老课新教的教与学;再到尝试一课两教,践行课堂留白,其时间跨度十年有余,一直坚持且行且思,且思且行。我们可以看到她一路走来,对于语文教学的那份热爱与诚挚,对语文课堂改革的坚持与恒心。课堂改革需要大气度、大智慧,更需要这样的真耐心、真坚持。

其三,贵在习。习为学,为实践,为通晓,亦为习惯。留白课堂强调的就是以生为本的学,倡导的就是以学为主,以学定教,先学后教。其红黄蓝"三原色"自主作业单,从预习检测、阅读思考、实践练习等不同侧重点,对儿童各个阶段的语文学习与语文实践予以有效保障,让作业成为满足学生发展需求、展示个性的缤纷舞台,让作业成为促进儿童素养发展和生命成长的真实印记。在留白课堂的具体操作中，鲍海淞老师始终将学生置于教学的中心，明确提出要有显性的留白时间与空间，而非流于形式的口号，并将语文课堂教学方式的变革作为重点，努力尝试摸索、反思提炼、实践验证，最终形成了四个一、六大类、时段调控、多元方式等具有实效的语文课堂"留白"操作范式，值得一线语文老师思考与借鉴。

同时贵在乐。打开此书，流畅的文笔、馨香的文字如同一幅秀美的画卷，徐徐展开的是一位教师对于语文教学与学生的深情厚意，字里行间洋溢着辛勤耕耘于语文教坛的快乐和满足。每一个章节，或叙事，或议论，或详实列举，或简要概述，都可以让人感触到她和她所带领的团队走过的坚实的教学印迹。一个能够抗拒各种诱惑长期坚持一线，始终饱含教学情怀的教师，又怎能不令我等欣慰？而读到后面，留白课堂带来的愉悦更是跃然纸上。孩子们对留白课堂有着别样生动的诠释——"我的课堂我做主""老师把讲台交给了我们"，看着浅显却一语中的。看看课堂上孩子们的表现吧：我们"各尽所能，画画的画画，写字的写字"，我们"分析问题，解决问题，寻求知识的真谛"；再看看孩子们的收获吧：留白课堂，让我从懵懂无知的怯懦小女孩，成长为一个活泼开朗的优秀毕业生。留白课堂，让我们更爱思考，更善于交流，各方面能力都大大增强。我们，幸运地成长于留白课堂。

儿童的发展是我们致力于课程改革的最终目标。留白课堂，迎向的是小学语文课堂变革的挑战，迎来的是儿童语文素养的自主生长与快乐成长，彰显了当今小学语文应有的开放与活力，为课程改革打开了更为广阔的天地。

2017年12月8日

于浙江省教研室

目 录

推荐序　留白新课堂，教学新景色…………………………………… 1
推荐序　方寸之白，天地之宽………………………………………… 5

第 一 辑
留白课堂：赋予语文教师的新生 ………………………………… 1

第一节　语文教师的自省与自悟……………………………………… 2
第二节　课堂留白概念与解析………………………………………… 5
第三节　留白实践的困惑与成长……………………………………… 10

第 二 辑
从常态课堂的教，走向留白课堂的学 ………………………… 23

第一节　直面语文教学的舍与得……………………………………… 24
第二节　品味绿色课堂的乐与忧……………………………………… 29
第三节　叩问教学环节的轻与重……………………………………… 33
第四节　反思老课新教的教与学……………………………………… 41
第五节　尝试一课两教的思与行……………………………………… 46
第六节　践行课堂留白的"小"与"我"……………………………… 49

第 三 辑

巧用作业单，为自主学习留白 ………………………………… 55

第一节　留白的依托：设计三色作业单，强化自主………… 56
第二节　留白的保障：完成三色作业单，有减有等………… 62
第三节　留白的关键：三色作业单换位，顺学而导………… 64
第四节　留白的展示：三色作业单激发，秀出能力………… 67
第五节　留白的成长：自主创编作业单，互促共进………… 69
附件1　人教版小学语文二年级下册第八组29课 …………… 76
附件2　各学段作业单例选 …………………………………… 82

第 四 辑

有章可循：让课堂留白不白留 ………………………………… 91

第一节　四个一：明确课堂"留白"的操作要素……………… 92
第二节　六大类：丰富课堂留白的内容类型………………… 105
第三节　时段调控：保障儿童自主的学习时空……………… 116
第四节　多元方式：激励语文素养的自主发展……………… 126

第 五 辑

快乐生命，成长于留白课堂 …………………………………… 141

第一节　留白课堂儿童说 ……………………………………… 142
第二节　留白课堂儿童做主 …………………………………… 147
第三节　快乐成长留白课堂 …………………………………… 153

跋 ………………………………………………………………………… 161

主要参考文献 …………………………………………………………… 164

第一辑

留白课堂：赋予语文教师的新生

·当我再回想自己教过的学生，回想着他们对我的夸赞与依恋之时，心中更多的是愧疚。是的，我深深地爱着每一个孩子，却未能给予他们最为恰当的教育方式，以自己的闪亮遮盖了他们的光芒，甚至以爱的名义强势地统一着他们的行动，扼杀着他们的思想。

·课堂留白，是表示新颖的课堂关系的一种模式，一种对课堂内师生活动和课程内容等方面的空间布局与时序调节。它是课堂革命中一个非常强有力的留给学生自主探索的时间与空间的标志。

·课堂留白，对于语文教师来说，最初更多的是迷茫与无措。而当我们不断地意识到自己对于学生学力与语文生命的忽视而导致的种种问题，才逐步深入着课堂的留白实践，并一步步在读懂儿童与课堂的同时，收获着留白课堂带来的种种惊喜与快乐，激发着师生的教学灵感与无限活力。

第一节

语文教师的自省与自悟

一

小学语文教师很平凡,但我却从未想过要放弃,二十余年如一日,坚守讲台,孜孜以求,始终以一颗炽热的心热爱着语文教学,只愿能让每一个孩子如我一般热爱祖国的语文,习得终身的能力,拥有难忘的童年。所以,哪怕只是出差学习离开一下,我都会有千般不舍与万般惦念。爱的投入与笑的温暖让我也得到了孩子们的喜爱,他们会把我当成偶像般地崇拜且依赖,一上课就用亮晶晶的眼睛看着我,一回家就从各个方面细数我的好,因此家长们也总对我赞许有加。每一届毕业了的孩子们,都会回校看我,保持与我的联系,总念着我的好……每每想起这些,我总是自豪又骄傲,更是常常以此教导着我的徒弟们:当老师一定要简单再简单,不用想着家长如何难应付,只要他的孩子回家说你好,那么他就会同样地喜欢你并支持你的工作。

可不是吗?小学可以说是人一生中最单纯又乖巧的阶段,逐渐褪去了幼儿园的稚气与懵懂,开始建立自己的是非观,而又缺乏足够的判断力,尚未进入叛逆期。此时教师富有能量的影响力就会很顺畅地直达学生心底,让他们甚至唯你是从。曾经有那么一段时间,我为自己被学生当成偶像甚至女神般的存在很是得意；哪怕听一些老师说着我班的娃只要我一走开就会变得不听话，也不免沾沾自喜。可是，当这种话听多了，我不能不思考：我存在与否对孩子们影响这么大，真的是好事吗？难道我想给予他们的就是对我的喜爱与依赖吗？难道这就是我想要达成的最终教育目标吗？

二

都说老师是孩子王，我确实让自己成了孩子们的"王"。课堂上，他们的目光总是习惯性地追随着我，眼神会为我而发亮。课堂上，朗读最动听的人，是我；书写最美观的人，是我；回答问题最精彩的那个人，还是我。课堂上，他们已经习惯性地听我的话，跟着我的思想走，"看这里，再读一次；这段话写得多好啊，我们一起读一读；不要动，先听老师说……"一系列的指令，总是能在我各种"威逼利诱"下顺利达成。

这样的课堂，这样的老师，有没有问题呢？

有什么问题呢？很多老师就是这样"师道尊严"地教了一辈子书，也收获了不少尊敬啊！没有听话的孩子，又怎么可能一步一步地顺利完成教学任务呢？

又怎么会没有问题呢？这样的孩子太听话、太依赖老师了。孩子们来学校，是为了自身的发展与成长，而非来膜拜老师、做一部听话的机器。当老师成了主角，学生只是附属，那么又何来"青出于蓝而胜于蓝"？教学任务的顺利完成，难道比学生培养拥有独立的思想、习得语文的能力，更为重要吗？"师道尊严"难道仅体现为学生听话，而不是参透教育的真谛，以学生的成长来成就教师的尊严吗？

三

所以，当我再回想我教过的学生，回想着他们对我的夸赞与依恋之时，我心中更多的是愧疚。是的，我深深地爱着每一个孩子，却未能给予他们最为恰当的教育方式，以自己的闪亮遮盖了他们的光芒，甚至以爱的名义强势地统一着他们的行动，扼杀着他们的思想。

最可怕的教育，是我们觉得自己给了孩子最好的，孩子也是甘之如饴；可后来才发现，所谓最好的，却不是孩子们最需要的，甚至他们还因此失去了自身最宝贵的东西。

如果我们真成了孩子们心中的王，那么孩子们得到的，一定比失去的要多得多。我们想要的，绝非是孩子们对我们的唯命是从、唯马首是瞻，而是孩子们自身的成长。我们切不可以爱的名义去绑架孩子们的思想、时间。否则，无异于谋财害命！

人生不可以重来，教育也是几乎没有回头路的。

我们身为教师，必须首先去读懂孩子，读懂课堂，从孩子们成长的需求出发，给予他们最好的教育。

在教育的过程中，最闪亮、最美好的那个人，一定是孩子自己！

四

不知大家是否有过和我一样的经历：从教至今，收获的荣誉与夸赞不少，偶尔会因此暗自窃喜，但也常常因此显出浮躁、彷徨与虚空。虽然自始至终对语文教学与学生的热爱都有增无减，但荣誉的光环在照亮我们的同时，也给予了更多的压力，我们总是问自己：我的教学生涯就这样走到底了吗？我还需要有所突破吗？我又该怎样突破自我呢？……每每发问后的努力总是依然无力。就这样，我们曾经长久地停滞在自己的教学世界里，无助又纠结。

这又是为什么呢？

直到某一天，当我们真正读懂了儿童世界的多彩与丰富，惊觉了课堂生命的鲜活与蓬勃，我们才会懂得曾经的自怨自艾，都只是因为从未真正参透"目中有人""以生为本"的含义，都只是站在成人的世界里关注着自己的得失成败，而忽视了孩子们所具有的学习与成长的力量。学生的健康成长，才是教师最大的成就。我们的荣耀应该是由孩子们的成长来叠加的，我们的生命是可以随着孩子们的发展得到新生的。

我们必须迎向小学语文课堂的革命。

我们的语文课堂必须是属于孩子们的。

我们的课堂必须为孩子们留白，为他们留出足够的时间与空间，让他们可以自由呼吸，可以自我实践，可以自主成长，可以自信闪光。

于是，宛若新生一般，我们欣喜地投入了课堂留白的实践与研究。

第二节
课堂留白概念与解析

一

课堂留白，是表示新颖的课堂关系的一种模式，一种对课堂内师生活动和课程内容等方面的空间布局与时序调节。它是课堂革命中一个非常强有力的留给学生自主探索的时间与空间的标志。

首先，留白是一种借助艺术的概念来表达构建教学的方法系统，即"元方法"。它是直接而强有力地表达出把课堂教学的时空留给学

生，突出尊重"学生领地"的新型教学形式及其操作系统。其次，它从更高层次（即"元方法"的层次）来分析教学设计和教学实施中的各种元素，在非传统的常规性教学中，呈现的状态、特征、适用条件、应用原则和程序等，进而依据新的教学理念和教学实情重构这些元素，并统筹各学科的课堂教学。

留白有两个相互联系的核心——

其一，关注与全班集体教学相对应的学生个体活动，还学生以自主的权利。在班级集体教学的进程中，教师根据学生的学习和发展需要，停止集体授课，让各种类别和不同需求的学生能自己支配课堂教学中的一部分时间。学生从被安排中解放出来，实现真正意义上的自我探索、自由展示、自主建构。

其二，追求课堂教学时间序列和空间序列的策划，实现整体与局部、教师与学生、内容与形式、预设与生成、外显与内化和谐统一的美好意境和感受。在教学设计和实施的层面正确处理好虚与实、动与静、疏与密、大与小、远与近、快与慢、显与隐、"黑"与"白"的关系，使教学过程变化有序，使有意义的学习真正发生。

二

育人模式的转换在课堂教学中的实践，从某种程度上看，就是要克服班级授课制的不足和弊端，改变其高度统一的标准化模式，注重基于需求导向的个别化教学与学力研究。

为此，我们尝试每堂课都能有10分钟左右的留白，根据小学生的学习特点和学习能力，为他们打开独立学习的一扇窗，让各种类别和不同需求的学生，照他们的学习和发展需要，自由支配每节课中的一部分时间，在当今班级集体教学为主导地位的同时，致力于学生的学力发展，寻求个别教学的突破。

打开自主思考的窗户。留白对于学生来说就是在课堂上推开了一扇窗户,展现了一个学生自主的空间。我们尝试着各种留白方式,有课始留白、课中留白、提问留白、集中留白、分散留白等方式,目的都是要把学习的主动权真正放到学生手上,挖掘出学生学习的主动性和积极性,让学习更深刻、能力培养更具实效。

寻求个别教学的突破。在留白的时段里,学生可以自主学习,教师也有了个别教学的可能。教师可以根据目标达成情况,组织达成目标的学生自主展开个性化拓展与交流,再对尚未达成目标的学生进行有针对性的指导和帮助;可以组织开展小组合作学习,教师根据分组情况,有意识地深入其中,发现各个层次学生的学习情况,及时调整教学重难点与教学策略;可以把课堂完全让位于学生,运用情境式、表现式、契约式、协商式、学案导学式等方式让学生自主学习,交流讨论,实践练习,教师于过程中对不同板块的学习问题和学习成果进行引领和评价,让学生逐步达成学习目标,养成关键能力。

三

课堂留白,即当教师停止集体授课时学生所进行的活动,是学生所进行的较为独立的学习实践。其应该具备以下特点:

留白是发现问题、交流信息的窗口。在传统的班集体教学中,由于每个班级的班额大,每节课的教学时间有限,教师授课按照自己课前的设计进行是不易发现学生学习中的问题的,一是教师没有时间与机会去发现,二是学生也没有思考的时间,即使听课中出现问题,也没有表达与流露的机会。课堂中的"留白",正好打开了一扇窗户,师生有了交流信息的时间与空间,"白"而不白,"空"而无闲,师生的教与学都没有停止。

留白是满足个需、善候感悟的平台。班级集体授课统一化的模式,

造成了学生个性化需求无法满足的必然结果,课堂的留白多少能弥补此方面的不足,使学生的个性学习需求得到满足,同时也会使学生在留白空间的思考中留下个性的感悟。

留白**是追逐梦想、发展个性的阶梯**。在人类教育史的长河中,培养和发展儿童的想象力正成为教育理论工作者及广大教师孜孜探索的课题,也理所当然地成为我国进行教育改革,尤其是新一轮课程改革的热门话题。小学生是最具想象力的一个群体,每一件事情、每一个知识点都会让他们产生无尽的想象,有时甚至会激发产生美丽的梦想。而想象力也正是激发小学生无尽创造力的基础之一。留白课堂中的"秀一秀""表现式学习"和拓展类、质疑类、信息交流类及异想天开类等留白,就为学生个性的展示与想象力的开发提供了可能与保障。留白课堂努力成为发展学生个性的阶梯,成为学生产生遐想、追逐梦想的场地。

四

留白教学极具严密的科学性,为此特别需要精心策划与设计,绝非随意地留出时间,所以在实施中对于留白教学的各个方面都应有明确的要求。

备课要求: 教师要实现从"教的专家"向"学的专家"的转变,为学生的"学"做好内容选择、时段分配、活动设计等方面的充分预设。教师在课前充分了解学生。从学生的"学"出发,思考"学什么""如何学""学生会有怎样的表现""要如何引导提升"等问题,事先选择好留白时段里最为重要的学习内容、最适合学生的学习方式,进行板块式的教学设计,充分保障学生的"学",预设每一个环节学生可能出现的各种问题,设计适合各个层面的学生的引导策略与方法,以做到胸有成竹、得心应手。

作业要求：进行分层设计，让不同学力的学生都能有所发展，学生能够尝试自主布置、设计和评价作业。留白课堂要求教师必须精心设计每一课的作业，将其作为指引学生开展语文实践、达成关键能力的平台。每一课作业单、导学单及家庭作业的布置，要考虑到不同学生的学习能力、目标达成等情况，激励各个层面的学生都能有所发展。同时教师要鼓励学生自主布置与设计作业，让学生将作业当作目标达成的又一次机会和自我展示的又一个舞台；教师还要引导学生自我设计个性化的作业，或图文结合，或制作表格，或创意表达，让作业成为学生充满个性、精彩纷呈的作品展示，需要用心完成、用情投入，可以用眼欣赏、用爱珍藏。

教学过程要求：不断保持和激发学生的学习动机，给予学生充分自主的语文实践的时间和空间，以学为主，顺学而导。留白教学改变了教师一言堂的状况，教师讲课往往是话到嘴边留三分，让学生自己去获取经验并构建知识系统，从而激发和保持学生的学习兴趣与动机。从所积累的留白课例中可以发现，教师改变了以往用自己提出的问题环环相扣展开教学的方法，而是采用板块式教学，努力在每一个环节上让学生首先进行自主学习，教师于巡视中进行有针对性的指导，全面掌握学情，明确教学重难点，再展开集体讨论与思考交流。过程中，教师多采用小组合作学习、小组汇报展示、伙伴互助评价等形式组织留白活动，让学生相互接纳来自同伴的学习信息，共同激发更多灵感，更好地建立对新知识的认同感和自主学习力的自信心，有效促进学生语文关键能力与核心素养的发展。

第三节

留白实践的困惑与成长

留白课堂，对于语文教师来说，最初更多的是迷茫与无措。而当我们不断意识到自己对于学生学力与语文生命的忽视而导致的种种问题，才逐步深入着留白课堂的实践，并一步步在读懂儿童与课堂的同时，收获着课堂留白带来的种种惊喜与快乐，激发着师生的教学灵感与无限创意。下面让我们细读陆婷、李庆力、孙琴琴、王景、朱萍芳、周吉、周叶青、王微、林晓华等老师的留白感言，看看留白课堂到底给我们老师带来了怎样的经历与成长。

一

从词源的角度来看，"留白"一词最早运用于艺术绘画领域，是指书画艺术创作中为使整个作品画面、章法更为协调精美而有意留下相应的空白。在语文课堂教学中，留白是指留给学生一定的自我学习、思考以及对已学知识的反刍、消化与巩固的时间。留白是一种境界，更是一种艺术，需要教师对学生的学习情况有充分的了解与把握，能积极营造班级学习氛围，引导学生展开思考与讨论，让课堂冲破"满堂灌""填鸭式"的教学瓶颈，达到"此时无声胜有声"的效果。

说起课堂留白，不由想起中国的古诗与国画。就如《独钓寒江雪》，只见一叶小舟，一个垂钓老翁，整幅画中竟然没有一笔是水。这与西方的写实油画，处处铺满色彩，底色沉滞厚重完全不同。我们中国讲究缓慢地化，如同创世纪的神话故事《盘古开天地》一般，一万八千年后，天地分开，清者为天，浊者为地，盘古渐长，天升一丈，地厚一丈，盘古长一丈，这样又过了一万八千年……我们的语文课堂教学也应该是这样缓慢地"化",讲究发扬传统的有根的艺术,看似糊里糊涂地教,实则目标明确,若有若无地不断生化孩子们思维深处的灵光。如同《独钓寒江图》,虽不见一笔水,却焕发出一种烟波千里的浩渺意象。这也符合老子道家"有"和"无"一说,"无"不是一无所有,而是体现了千变万化的丰富性。一篇课文的吸收吐纳,同样也能在不同孩子的思维品味中,焕发出五色斑斓的知识世界,实现语文最富个性与魅力的情感表达。课堂留白,留出的将是生命的丰富,穿越层层叠叠的生命体会,何其壮哉?!

刚看到"留白课堂"这个词的时候,不免觉得陌生,想想大概就是在课堂上为学生留出一些空余的时间吧。可是需要给多少时间?如何给?给他们做什么?老师在其中充当什么角色?这样的安排对学生有什么作用?……一系列的问题马上迎面而来,让我一下子不知所措了。于是上网进行关键词的查找,才发现原来关于课堂的留白研究早已有之,它也并非遥不可及,甚至在我自己的课堂上也已有过类似的思考与尝试,只是从不懂得把它与"留白"相联系而已。课堂的变革其实无处不在,无时不有。我们做个有心人,就可以使之更为明晰,更能有效推进。

语文教师的"情至深",是为了学生"有所得"。从教近二十年的反复实践证明:有得必有失,有失才有得。得与失之间有自然的关联与必然的定律。语文课堂上,只有教师懂得留出白,才能有学生语文生命的丰富与精彩。我们语文教师切不可贪多求全,急功近利,只重眼前的对错与分数,只求足够的数量与内容。兴趣是最好的老师,好习惯可以受益终生。作为一个小学教师,一定要有教一字想一篇、教一年想六年,甚至更久的长远目光与更宽阔的心胸,更要有"牵一发而动全身"的智慧谋略与成熟淡定。课堂留白,必将是我们睿智的选择。

老师都希望孩子多学点,所以每一堂课的内容总是安排得满满当

当,生怕亏待了孩子。内容多了之后,本着节省时间的想法,教学流程的设计一环扣一环,整个课堂可以说是行云流水,一气呵成,这样的课堂真的好吗?不尽然吧!课堂应该留有空白,只有留出时间给学生去思考,留出时间给学生去练习,留出时间给学生去纠错,他们才有真正意义上的提高,而不是表面意义上的热闹。从这一层面讲,课不要"背"得滚瓜烂熟,课堂流程也不需要行云流水,因为那是假课堂,是你设计好了引着学生钻入圈套的假课堂。我们的语文课,应该留有空白,留有生成。而教师的课前功,应该多去思考学生可能会有怎样的理解、怎样的思考,顺应着这些理解和思考,怎样把孩子们的思维引向更深一层,也许这才是老师更应该思考的。由此可见,课堂不是你想象中的完美和顺畅,而是有磕磕碰碰,有疙瘩,有起伏,这样的课堂才是真实的、有效的。课到生时是熟时,每一堂课都是不一样的,每一堂课都有自己独到的精彩之处!

冗繁削尽留清瘦,课到生时是熟时。让我们的语文课堂多些减法,多些"陌生",多些留白吧!

二

教—学,教—学,主体无疑都应该是学生。学生的所得、学生的发展,才是我们教学者应该去探究的。我觉得"留白"该重在体现这一理念——以生为本,以学为主。

但是到底该如何认定留白呢?我们现有的课堂似乎已经有不少"留白"的存在了:自己带问题默读课文时是留白,自由写小练笔是一种留白,轻松赏析一段视频也是一种留白……在几堂实践课的观摩中,我看到的大都是平时就在操作的一些教学手段。如果留白已经存在于日常的教学中,那么我们的研究重难点又应该落到何处,指向何方呢?

提到课堂留白的形式,很多老师都会想到小组合作学习、同桌互助式学习、个人自主学习,还会想到课前五分钟建设。但在形式上都无甚新颖之处。如果只是把旧的东西进行组织包装,其意义到底有多大?如果要想跳出一般的方式,留白的设计必定得更精妙、更系统,绝对不能类同"放羊式"。我们常说"一课一得",那是否也应该"一留一得"?

在进行"留白课堂"的实践研究时,老师们会遇到这样的困惑:如果把课堂时间大量地交由学生自己去讨论、自己去学习,那么,这节课可能无法真正解决教学中的重难点。这样的"放",对学生本身的能力要求是比较高的,因此,会有老师觉得,很多留白的形式并不适用于学生能力较弱的低段。如何处理"留白课堂"和"一课一得"的关系,是我们必须思考的问题。

听了几堂课,发现不同的老师对留白有不同的看法与做法:有人觉得在课的结尾时留出2~3分钟时间让学生对所学内容进行总结就可;有人觉得要设计一堂给学生留有充分自主学习时间的课。我们毕竟不可能把每一堂都设计成学生探究或读书展示的类型,也不能一成不变只在结尾处留白总结所学内容。到底什么样的课需要留白?这是我们必须思考的一个问题。

对于班里的部分学力薄弱的孩子来说,在课堂留白时的自主学习是有一定难度的。他们习惯了跟着老师的思维走,每到留白的自读自悟阶段,就会显得有些迷茫。等到其他同学侃侃而谈的时候,他们也无法心领神会。那么这"留白"真的对所有孩子都有帮助吗?我们是否应该分层地进行"留白"教学,又该如何具体落实呢?

一年级的孩子,语文的知识储备与能力发展都还不够。虽然在课堂我会努力留出许多空间给孩子们思考想象,也会组织进行小组的合作学习,但是有时会因为自己的目标不清,要求不明,导致留白环节

没有达成预想的效果。那么，老师在留白过程中需要扮演怎样的角色？对留白有效性的评价该如何进行？"留白时间"是否会反映到我们的教学目标中？我们又该如何制定此类教学目标？一年级的课堂留白目标应该如何确定，如何落实？小学阶段总体的留白目标是否也应该在学段上进行划分呢？

我的课堂留白，似乎常常陷入这样的矛盾与尴尬之中：老师无任何导向，会有一部分学生茫然不知所措；老师导向很明确，学生又会陷入人云亦云之中。在任务清晰的情况下，自主学习的效果会因学生个人能力的不同产生较大差异；而单纯的合作学习又会使一些学力薄弱的学生对组内的学优生产生依赖心理。如果任务只有一个，没有了选择余地，很难全面顾及不同层次的学生，课堂则难以产生百花齐放的景象，常常是两三个组一汇报，其他组就没有什么要补充的了；如任务有两三个，有了选择余地，又会出现一个组在汇报时，与其内容不同的组员无法产生共识，更无法共鸣。这该如何是好？

说到语文留白课堂，我就会不由自主地希望上一些略读课文、科普文，总觉得精读课文中有太多的知识点，美文中有太多值得一起咀嚼的妙句，让我舍不得，放不下。生怕一留白，就将重点也"留白"了。自己反思，这是应试教育的心理在作祟，知识重于能力的观念在作祟，我需要在留白的实践中学会放手，学会舍得。

留白课堂，真的需要集智慧于大成，才能产生亮点。

留白课堂，向我们老师提出了一个又一个的问题，让我们不能不迎向一个又一个的新的挑战。

三

语文课堂，40多个孩子，40分钟的一堂课，教师如何去安排学生个性阅读的时间，即使能安排这样的时间，教师又有多少时间去聆听每位阅读个体的独特感受？他们的独特理解我们都不知道，又如何去因材施教？有时，我们只能无奈地以问答的形式、以个别学生的回答来代替大部分孩子的理解，以此来结束我们的教学。长此以往，造成以下种种怪现象：

1. 老师一提出问题，学生还没多加思考就拼命举手。

2. 一种答案阐述后，如林的小手就放下了一大半，再也很难听到其他有个性的感悟。

3. 课堂中活跃的孩子占足了风光，沉默的只能做陪客，久而久之养成了懒于阅读的习惯，乐于做一个滥竽充数的南郭先生。

长期的困惑，让我不得不重新审视我们的语文课堂，并开始在班级中寻求一种新的阅读教学方式，还孩子自由阅读的心灵世界，让阅读真正成为读者个体与作者个体的精神相遇，让阅读真正成为孩子个性化的体验。过程中，我努力留出充足的时间让每个学生进行批注式阅读。在批注式阅读过程中，学生结合自身的兴趣、爱好、特长等，主动地运用已有的生活经验和知识储备，设身处地地与文本进行广泛的、深入的、全方位的直接对话，从各个层面对文本进行理解、感悟、阐释、发现和点评，并直接在课文中圈点勾画，注明自己思维的轨迹，打上自己思想的烙印，表达自己独特的情感，把每个读者隐藏在心灵深处的阅读理解和感悟流泻于空白处，把沉潜畅游在语言文字中的发现和探索付诸眉页间，避免了人云亦云的尴尬，从而获得了个性化的阅读体验。

无疑，批注式阅读是在小学高段语文课堂教学中值得尝试的一种课堂留白方式。

语文课堂上，无论是做什么，始终都是为了学生的发展。课堂留白必须要让学生首先学会如何补白，要学生在留白的时间里根据自身的需要或兴趣，自主学习，有效发展。

课堂留白可有软硬性规定。例如，有效提问后，必须留白至少10秒的时间，让学生有充分思考的时间；每课皆有结课前留白5分钟，让学生梳理本课所得、抄笔记、做批注、提问、交流想法或拓展阅读等等。

课堂的留白可于重难点处，可于争议之时，可于出错之后，可于活动之间，也可于作业之中。下课只是一节课的结束，最怕的是它真的结束了。因此，我们老师要善于布置"留白式"作业，留驻课堂的精彩，留驻学生的兴趣，将学习和思考无限延长。

第一学段的孩子们有强烈的好奇心，对细小的事物有着很强的观察能力。与被拘束在教室相比，他们更喜欢外面的世界。所以，低年级课堂的留白就可以留出一部分时间，给他们一个任务，让他们去教室外找一找，看一看，去发现并感受五彩世界中的语文，或许他们会有更大的收获。

课堂想要为学生留白，就不应再进行串讲式的教学，环环相扣往往密不透风，板块衔接才会更有层次地递升。留白课堂呼唤板块式教学，让学生对照学习目标，明确学习版块，并围绕版块展开学习。学习版块是可以调整，可以删减的。这样，学生才能真正拥有留白的时间与自主的学习。

留白在艺术绘画、家居设计，甚至为人处世方面都得到了很多人的认可，也有了各种丰富的形式。课堂的留白于我们的语文教学中形式还可以更丰富。目前用的比较好的是"学习单""合作交流""留白思考"等，我们还应该有更多新的研究，甚至可以细化到阅读课、写作课等不同课型中"留白"形式的探究。同时还可以就课堂中的留白设计与教学，对不同层次学生的作用进行调查，以检验"留白"的有效性。

个人认为课堂教学的留白是具有一定条件性的，需要建立在学生具有良好的学习习惯、有一定的自学能力的基础上。学生要学会于留白处补白，是需要教师引导的。教师要不断提升于留白时对学生的指导能力。而如何在班级授课中通过分层教学进行留白，需要很多的策略，更需要长久的坚持。如能成功，对语文课堂教学的革命必定会大有收益。

对于留白课堂需要条件一说，我有不同的看法。留白课堂，本就应以学为主，重在引导学生学会学习，其关注的就是学生良好的学习习惯的养成和学习能力的提升。我们老师首先最需要考虑的，不是让学生于留白时段做多么重大的事情，而是如何通过留白保障学生自主学习的时间和空间；然后再于留白过程中，通过信息交流、小组合作、质疑拓展等方式，渐渐培养学生良好的学习习惯。课堂的留白最需要的是老师放下身段，省出时间，留给学生。它应该是没有任何条件的，应该是充满期待和希望的。

四

从学校研究课堂的留白开始，我就坚持落实着。每篇课文结束前，都会给学生留白8～10分钟，让学生畅谈这节课不懂的问题、特别的发现，想说什么都可以。两届高年级学生就这么循环着坚持了下来，我发现留白真的成为孩子们非常喜欢的环节。我也欣喜地发现学生思维能力提高很多，每篇课文学完都有让我非常惊喜的发现。有针对篇章结构的，有就语言提出自己意见的，语文能力在思考中提升。也有结合自己谈感想的，整个感觉非常民主，非常和谐，课堂真正还给了学生。

一堂课，只有40分钟时间。然而，很多时候，我们在进行教学设计时，会把一堂课安排得满满当当，在上公开课时更是如此。然而，事实上，在课堂中我们会遭遇很多预设之外的情况。过满的课时内容会导致我们的课走入两个困境：一是为了在规定的时间内上完教

学设计中的所有内容,对课堂中出现的情况采取"漠视",许多目标未能真正落实;二是为了应对预设之外的情况,打破原来的课时内容安排,并且影响到之后的课时,导致毫无课时的完整性、课堂的精致性。因此,我们首先得树立"一课观"。一节课,不要妄想放入两节课的内容。一节课的容量大小,要充分考量学生的学情,并且留一点弹性的空间。这便是遵循了"留白"的原则。

"留白课堂"的思想起源于"画",这个"画"不是后现代派的什么画法,而是我们中国的山水画。中国的山水画的特点是什么呢?是有留白空间,并且主体突出。所以,一堂留白课,也应突出一个重点或难点,实现"一得"。没有主体观的留白,最终不会让课堂成为一幅美妙的中国山水画,而成为一幅波点画。

留白课堂,做到"一得"并不难,但老师们往往不满足于"一得",在教学内容上"不愿舍、不敢舍"。而"不舍"的根源在于:老师们觉得有很多知识点也很重要,也需要学生掌握。想要解决这个矛盾,我们就需要"整体规划"。这个"整体规划"既可以是单元的,也可以是整册的。但是课堂时间只有这么一点,如何取舍?我们就得抓住课标总要求和课时目标进行大舍或小舍。大舍是完全舍弃,然后考虑利用教材中的其他课文的教学去解决这一知识点。小舍是指通过复习或简单问答点到即止,不在这个知识点上耗费过多时间,或者仅仅是提出问题,引发学生的课后探究。有了整体规划,就不至于取舍两难。

对于课堂留白,我还只是在投石问路之中。但是课堂留白带来的课堂的轻松、愉悦、智慧,我即便尚在门外,也感受到了。很多时候,新的理念和旧的理念在本质上并不冲突,如果我们教师能找到那个平衡点,就能将教学之路走得更为敞亮,与孩子们共同迎向全新的生命的成长。

窗明几净的教室里，一班六年级的学生正在认真地听老师讲课，有滋有味地诵读古文《两小儿辩日》："孔子东游，见两小儿辩斗，问其故。一儿曰：'我以日始出时去人近，而日中时远也。'一儿以日初出远，而日中时近也……"读毕，老师说："接下来的10分钟是我们的个性时间，我们也来辩日。"

学生A高举大手："我先来，孔夫子不能决也，而我认为太阳与地球的距离是不变化的，查过资料，日地距离是1.5亿千米。"

学生B："非也，非也，根据最新的研究，早晨的太阳离我们稍远一点，中午稍近一点，但是很微小，人是感觉不到的。两者相差约等于地球的半径。"

接下来一阵唇枪舌剑。

学生C：停一停，停一停，孔子都不能决，大家就别争了。我们还是来聊聊有关太阳的诗词歌赋吧。从古至今，人类有许许多多描绘太阳的作品，比如李商隐的"夕阳无限好，只是近黄昏"，白居易的"一道残阳铺水中，半江瑟瑟半江红"，当然也有写朝阳的，朝气蓬勃。

学生D：歌唱太阳的歌曲就更多了，世界名曲意大利民歌《我的太阳》就是其中之一。我给大家来一句吧！"啊，多么辉煌灿烂的阳光……"

歌声飘出窗口，与下课的铃声应和着，显得那么协调，似乎本就是它的伴奏曲。

这是一堂非常规的语文课，后10分钟学生的交流是有事先准备的。他们的交流以"太阳"为起点，拓展到了科学、诗词、音乐，使各方面的知识通过"太阳"这一主题得到了融合，使学生的相关知识融会贯通。

学科融合本是老话重提，《全日制义务教育课程标准》(实验稿)中早就指出："应拓宽语文学习和运用的领域，注重跨学科的学习和现代

科技手段的运用,使学生在不同内容和方法的相互交叉、渗透和整合中开阔视野,提高学习效率,初步获得现代社会所需要的语文实践能力。"

学科融合一直受限于各学科的"自私",大家都觉得"不能种了别人的地,荒了自己的田"。留白课堂使学科融合有了时间的保证,课堂的留白让学生有发展自己和展示个性的机会与舞台;使爱好科学的学生能在语文中发现科技奥秘,使有音乐特长的学生能在语文中展示音乐才华,使有美术才能的学生能在语文中快乐涂鸦。学科融合,张扬了学生的个性,拓展了知识的宽度,可以实现语文中有音乐、数学中有美术、体育中有科学等跨界整合,使各学科的界限在学生身上变得模糊,不再有所谓的文科生或理科生,达成与中学课程的有效衔接。

语文需要这样充分灵动的课堂——留白课堂。

学生需要可以自主生长的方式——课堂留白。

五

课堂留白,意在以生为本,在充分尊重学生的基础上,致力于促进学生的自主发展,激发他们生命的无限可能。追求的是学习的自主,过程的开放,思想的独立,时空的延展,个性的张扬,自由的创意,生命的成长。

就目前小学语文留白课堂已有的实践成果而言,还只是该研究的冰山一角,其同样拥有无限的可能与无限的未来。

随着大数据时代的到来,从电视到互联网,再到慕课、大数据,技术不断影响甚至改变着教育。在大数据时代的留白课堂,呼唤教师娴熟运用智慧教育信息技术支持下的教学手段,有效运用云端的数据资源,丰富留白时空的内容方法,推进师生交互的评价反馈。例如借助醍摩豆(Team Model)技术,学生通过答题等教育技术手段完成课堂实践练习，课堂即时生成数据，教师可以迅速掌握班级每一个学生的学习情况，及时又精准地根据错题率有的放矢地即时讲解重难点知识，并再组织进行有针对性的语文实践活动。

类似于醍摩豆（Team Model）的智慧教育手段还有很多很多，教师有效运用大数据时代的智慧教育手段，可以引领学生自主进行相关主题的信息整理与汇报；还可以借助"视像中国"等远程教育平台，进行拓展性课程学习等等。我们可以于今后的留白课堂中有选择性地运用，让教师更为迅捷地检测留白的成效，及时调整留白的教学方式，拓宽学生的思考平台与阅读视野，让学生的发展拥有更为有力的保障与更多发展的可能。

课堂留白，开放的不仅仅是课堂的时空，还倡导"课堂的结束是学生学习的开始"这一理念，激励并引导学生于课外进行自主的学习与探索。自主设计并完成家庭作业、开展课外阅读、参与社会实践等活动，都是已有的较好的方式。但是课外无限的生活时空，都可以是学生自主习得与历练的学习机会与平台。

教师除了可以于课间利用校园隅角引导学生进行团队合作和自主研讨外，还应该引导学生在参观旅游、休闲娱乐之中，时刻抱有一颗乐于学习、善于思考、勇于实践的心，拥有学习的热情与智慧，提升生活的品位与品质，享受人生的快乐与幸福。

课堂留白指向的是课堂内外学习的广阔时空，留出的是师生未来生活的无限精彩。

第二辑

从常态课堂的教,走向留白课堂的学

·虽然我满怀热情且充满感动,但面对不同的学生、不同的课堂、不同的自己,理念、设想的脚步似乎总是比现实少了、慢了那么一点,或者又多了、快了这么一些。所以课堂的遗憾总也在"我到底该要的是什么?又该怎么要?"等问题的处理和把握上,让人且忧且喜,又且思且行。

·留白课堂,虽然学生一显身手时,需要不断练习、反复读书的努力,难免遇到磕磕绊绊的困难;但过后的点滴进步,同样带给他们无限灿烂。虽然老师开展教学时,需要耐心引导、充分预设与灵活机智,难免有主观牵强的把控、急躁的表现等教学遗憾,但在真诚的期待与有效的提高中,留白因学生的微笑而灿烂,生命因学生的灿烂而快乐!

第一节

直面语文教学的舍与得

——以人教版小学语文三年级下册《女娲补天》的教学为例

从和专家与老师们一起确定课题的迟疑与虚空,到经历多次的研课思考与修改,再到试教与展示,其过程的艰辛与煎熬,似乎也可以与"女娲补天"的艰辛相比。我一直都喜欢展示一些情感型与童趣型的课堂,或因为感觉有趣,或因为由衷的喜爱与感动。虽然课堂上的我总是激情投入,但却觉自己从不是爱夸张之人,因此从未想过做以夸张手法为主要写作特点的神话故事的展示课。

但是,备受敬重的特级教师费蔚老师说:《女娲补天》不错,学生喜欢,也有不少点可以挖,上的人也不很多。想想也对!上吧!于是,毫无底气却必下决断的我,拿起课文,读啊,读啊!读出了好多好多,想给学生的也好多好多!怎么办?尽我所能地给!显然这是误区!或许是从一开始定课到最后上课,我为自己想的都始终比孩子多,所以感觉一直都没能走出自己心里所画的圈圈。教案有十多稿,理出其中变动最大的三稿,简化复杂的程序和烦琐的语言,终于,清晰明了许多……

一次备课：贪多求全的模糊

教学过程：（第一课时）

课前谈话：结合奥运会标，引入具有中国特色的神话，初步表达对神话的神奇感受。

一、入题，学生初谈对《女娲补天》的了解。

二、初读，学习生字新词，整体感知课文。

1. 分类出示生字新词，引导发现词语特点，重点讲解"冶炼"，正音并释义。

2. 初步感受神话描写的特点。谈读后的感受，初步突显女娲的人物形象。

三、品读，感受神话的神奇与女娲的英雄形象。

1. 学习想象"窟窿"语段，抓住"大窟窿、熊熊大火"等词感受天塌下来的可怕。

2. 学习"补天"语段，概括补天经过，找出你最有感受的词句，交流体会。朗读表演，体验感受，想象写话。

四、练习，对比感受想象的夸张与合理。

1. 填一填文中数量词，对比感受想象的夸张与合理。

2. 出示文言文。课后布置对照读，看看人们想象的相同与不同。展开你自己的美丽、合理、神奇的想象。

自我反思：

从课前谈话到最后，我想给的真的好多：中国传统的最具民族特色的优秀文化、女娲的伟大形象、神话这种文体的特点、学生的想象能力、语言的积累运用等等。区区40分钟，10岁不到的孩子能接受这么多吗？这么多的目标，又该怎么分配于各环节之中呢？什么是这节课最应该的、不能不给孩子的呢？于是，就在我自己的迟疑不决与

踌躇满志之中，课堂显得亮点多多又不明就里，贪多求全，一片模糊。做人不能贪心的道理，自小就懂。课堂上的自己怎么就不能明白，又犯糊涂呢？可能每一点想法，就如同自己的一个孩子，怎么都做不到忍痛割爱吧！

二次备课：忍痛割爱的努力

教学过程：（第二课时）

一、复习字词，感受词语特点；引读第一自然段，想象引入补天语段。

二、学习课文第3～5自然段，感受补天的艰难。

1. 概括"补天"的经过。板书：寻找 冶炼 补好

2. 寻找五彩石的艰难。重点理解"寻找"一词的艰难，想象还可能找了哪些地方，师生对话，感情朗读。

3. 冶炼五彩石的艰难。重点教学"冶炼"一词。正音释义，出示图片，联系理解"五天五夜"想象女娲当时的样子。再带感情朗读。

4. 补好天的神奇。读句子，谈感受，出示图片，播放音乐，再感受"神奇"。

5. 配乐齐读课文第3、4自然段。

6. 讲述故事。当你再看见天边五彩的云霞，你会怎样向别人讲述这个传说呢？学生练习。指名讲述。引导抓住重点词语进行表达。

7. 出示"月亮、太阳"等图片，运用句式想象说话。

"现在，人们常常看见_____，传说那就是_____。"

三、阅读古文，想象延伸。出示《淮南子》《山海经》等神话故事的文字，和学生一起读，一起猜故事——《女娲补天》《盘古开天地》《嫦娥奔月》等。

自我反思：

该去掉哪些呢？首先一课时教完的思路就是不可取的。补天的艰难是最能突显人物形象和神话特点的，那就应舍弃引入与对人们灾难的感受，毫无异议地将重点锁定于此。内容少了，各块就应该做得更精，迎着"寻找、冶炼、补好"的补天过程，抓住重点，让学生感受体验。但教学过后，字词复习与古文对照的厚重，还是使得重点的突显不够充分。而自己每一步都想落入每一个学生心底的教学习惯，也使得许多环节显得拖沓，在平均用力的感觉中依然有重难点不明确之嫌。再忍痛割爱吧，不是都说有舍才有得吗？

三次备课：有舍才有得的智慧

教学过程：（第二课时）

一、感情导入，配乐朗读课文第1、2自然段。想象情境，再读课题。

二、学习课文第3~5自然段，感受补天的艰辛、坚韧与神奇。

1. 概括"补天"的经过。板书：寻找五彩石 用神火冶炼 补好大窟窿

2. 感受"寻找"的艰辛。卡片出示"寻找"，理解字义，再联系课文语言深入理解，感受变化的过程。想象写话，朗读反馈，对比想象"一眼清清的泉水"，再次体会艰辛。

3. 体会"冶炼"的坚韧。卡片出示"冶炼"，正音释义，出示图片，想象对话。

4. 体会"补天"的神奇。读句子，谈感受，朗读点拨，感受神奇。

5. 感受"女娲"的美丽。想象补好的天空，出示画面，感情朗读，评价点拨。配乐齐读课文第3~5自然段。

三、感受神话的神奇与中国文化的底蕴。学生谈文中的特别神奇

之处。课件出示《淮南子》等古籍，概要介绍古代神话，启发阅读。

自我反思：

当终于在课堂上学会了舍弃之后，觉得好轻松！真的，感觉卸下了好多无意义的负担，自己有了一个明确的方向，和学生一起也有了自由呼吸的空间。评价一篇好文章，我们常说要详略得当，重点突出，一堂好课，也必定如此。教了十多年书了，自己上的课不少，帮人备的课更多，经历过不少成功的时刻，也吸取过不少失败的教训，不懂为什么到现在自己还是会犯最无知的错误。或许每个人走到某一步，对自己有了更高要求的时候，往往容易迷失了所应有的定位与最应该坚守的立场了吧！

文本只是语文教材，只是教学生学文习字的工具之一，我们要用教材教而不是教教材。关于神话的神奇与人物的神圣的挖掘，始终觉得不是三年级孩子最应关注的点，而且本文的神奇性也是比较内敛的，要让孩子细究会有些牵强，只要有所感受，喜爱神话阅读就可以了。文本的语言才是最应感悟内化的。当然每一堂课的目标，都可以有所侧重，我们始终应该努力的是：让孩子们能够先有"一课一得"，再争取"得得相连"，让他们的语文能力与素养得以长远地发展。

虽然此次的备课与教学历经了很多的彷徨，但我无时不期待，期待自己的语文课堂有更多的快乐，有更大的自由，有更深的体验，能和学生一起更好地成长……

第二节

品味绿色课堂的乐与忧

——以人教版小学语文四年级上册《那片绿绿的爬山虎》的教学为例

"……他知道露水怎么样凝在草叶上,露水的味道怎么样香甜;他知道星星怎么样眨眼,月亮怎么样笑;他知道夜间的田野怎么样沉静,花草树木怎么样酣睡;他知道小虫们怎么样你找我、我找你,蝴蝶们怎么样恋爱,总之,夜间的一切他都知道得清清楚楚。……"读着《稻草人》,我们不能不沉醉于一代大教育家、大作家叶圣陶先生的美好纯净的语境之中。能和作者一起铭记,和学生一起走近、品读一代大师的作品,是身为语文教师莫大的幸福。从研课、备课、试教、再试教到最后上公开课,一路走来,有过困惑,有过迷惘,有过沮丧,但更多的感动、快乐、收获,却一直在心里跳跃、闪耀、积淀,也就如作者眼里的那片绿绿的爬山虎……

一、爱抚那一片片绿,走出"绿"的迷茫

第一次读到这篇课文,随着肖复兴对叶圣陶先生为他修改作文又邀他亲切交谈的温馨回忆,涌起了一种暖暖的感动。那个夏日午后的阳光仿佛投射在我的身上;而那片绿绿的爬山虎就如绿色的小精灵一般,一直萦绕在我心底最柔软的深处,让人心里有了一种难以按捺的喜悦与冲动:我一定要上好它,让孩子们学好它!还要在公开课上展示!可后来冷静下来,才发现:课文很长,刚上四年级的孩子要从头到尾地读一次都不容易;课文前后两大部分的行文风格相差甚远,文章的修改方法与态度要渗透与引导,对叶老先生的人品与美德更

要学习；又该如何引导四年级的孩子理解作者肖复兴是"借物抒情"呢？……

感动与困惑的纠缠，让我迟迟都不敢下手，却又依然爱不释手。我翻阅了整本教材，无意中读到叶老先生所写的《爬山虎的脚》一文，更加坚定了对叶老家的"那片绿绿的爬山虎"的喜爱。于是我上网查了大量的资料，在肖复兴的成就中我隐约感受到了叶老先生对其谆谆教导的影响。我逛进了新华书店购书中心，在肖复兴编著的《课文是怎样"炼"成的》一书中，真切地感受到了叶老先生言传身教的力量。书中所记录的修改课文的一个个符号，不分明就是叶老先生当年为他所作修改的翻版吗？不就是作者对作品与人品都堪称一流的大作家最好的缅怀吗？不也就是他对叶老先生最好的感谢、学习与铭记吗？这千言万语又能从何说起，如何道明呢？唯有寄予那片爬满整面墙的爬山虎，用那密密的、浓浓的绿，诉尽无限言语，表达作者无限深情与无尽感慨——作者就是这样来"借物抒情"的。让学生学习课文、积淀情感之后，细读文中描写爬山虎的语句，想象它们仿佛想对作者说些什么，不就等于让学生习得了这样的表达方式吗？在"柳暗花明又一村"的快乐中，我猛然惊觉，原来课堂的绿色不仅仅在课文中，更在课文所可以延伸、可以涉及的令人感动与振奋的每一处、每一刻……

二、吐露那一片片绿，走进"绿"的殿堂

绿是大地的颜色，绿是生命的颜色，它朴实无华，却又孕育希望，充满生机。当文中的那片绿绿的爬山虎以其最迷人的姿态，走进课堂，引领阅读，真情表达，我们的课堂也在一片片"绿"的吐露中，呈现出了课堂的生命绿色。

(一)"绿"的真情播撒,回顾"修改"

我以叶老先生在《爬山虎的脚》一课中描写爬山虎的语句引入教学,和学生一起美美地观赏、美美地读,让学生在课堂伊始,就于眼里、心里植入那一片绿色,同时进行新旧知识的联系,加强学生语言的积累与运用。

在引入"绿色"之后,在学生交流第一课时与自己课后的学习收获时,引导学生用板书梳理出"修改、增添、准确、干净、规范、具体事实、深受感动、亲切自然"等词语,再次感受叶老先生的认真、平和以及温暖。这既是对学生识字掌握情况的检查反馈、对学习的回顾与提升,又为对下文"作家的作品就是这么写的"一句的理解打下基础,架设情感的桥梁,播撒"绿"的种子。

(二)"绿"的含苞待放,品读"见面"

这一环节,学生学习课文第6~10自然段,和作者一起走进叶老先生的小院,品读描写作者见到叶老先生的语句,通过体会作者的心情来感悟叶老先生的高尚人品,理解"作家就是这么做的"。学生用绘声绘色、饱含激情的朗读,传达着作者心中的意外、亲切与感动,让我们感受到了叶老先生的平和亲切与质朴热情所带给作者的震撼;学生以对叶老先生一流的"人品"与"作品"的交流感悟,道出了作者的庆幸、懂得与铭记,让我们领悟到了叶老先生赋予作者的心灵启迪与感召力量。这一片给予作者生命的"绿",虽然还没有完全绽现,却于字里行间,犹如饱胀的花朵,含苞待放。

(三)"绿"的尽情盛开,感悟"爬山虎"

学生在对肖复兴先生的全面认识中,更进一步地证实作者文中所言无一句虚言,其行文做人也就如叶老先生般朴实无华。学生快速浏览第6~10自然段,找出写爬山虎的句子,放声朗读,想想:绿绿的爬山虎想说什么呢?学生动情地读,动情地说,将所感受到的、所想

象到的、所能表达的"绿"的心声尽情表达。绿色的可爱小精灵抚平了作者心里的紧张、意外、拘谨;落日里沉郁的摇曳着的爬山虎,鼓励、鞭策着作者不断奋发,好好努力,好好作文做人,迎向充满希望与无限生机的"绿"的明天。

(四)"绿"的春泥护花,学习铭记

到1992年作者写这篇文章的时候,距离作者去叶老先生家已经30年过去了,但作者还是说——"在我的眼前,那片爬山虎总是那么绿着。"——多么质朴又令人感动的言语。再联系上文,学生可以从中感受到在作者肖复兴的心里,爬山虎不仅仅是一种普通的植物,那片绿绿的爬山虎,仿佛就是叶老先生的平和亲切、认真质朴,仿佛就是叶老先生言传身教的谆谆教导,更是叶老先生对作者的热情鼓励与鞭策激励。当学生真诚地说出他们感受至深的言语,随着结课前缓缓流淌的音乐声,我们已经一起铭记了那个美丽的意义非凡的下午,铭记了那片绿绿的爬山虎,铭记了这两位作品与人品都堪称楷模的大作家!

三、凝思那一片片绿,走向"绿"的成长

我一直都坚信成功的教育是无痕的,所以我一直都努力让自己的教学是"润物细无声"的。而今天,在课后或贬或褒的评论声中,我再次认真凝视、审视自己的课堂,于自鸣得意中更多的是警醒。一路走来,我想了很多,做了不少,可进了课堂却发现依然存在着细节上的诸多漏洞,这是为什么呢?是想得不够深,不够细,还是自己的预设本就有偏颇呢?自己情真意切、万般感动地投入教学,可一些学生依然不为所动,是他们木讷、不善言表,还是我没有富于弹性与留有空间地为其铺垫,反而太过自我与张扬了呢?在学生似乎真的心有所动、言有所发之时,他们对课文的语言、动人的细节,是否是沉积在心,能品能用了呢?我是否有贪多求全、得意忘言之嫌呢?当我再次

静静地梳理着我心中的这片"绿",我发现了好多值得自己去思考、探索的"绿"的罅隙。于再一次的突破与挑战中,我坚信语文路上,快乐与苦恼同在,思索与实践共存,今天的实践探索也必将与明天的成长发展并行!

第三节

叩问教学环节的轻与重

——以人教版小学语文六年级下册《藏戏》的教学为例

"和孩子们一起步入离天堂最近的地方——西藏,抓住教学的重难点,把握略读课的特点,给孩子们相对自主、自由的语文展示与成长的空间,领略'藏文化的活化石'——藏戏的魅力,了解其形成,称颂其'戏神',感悟其特色;更在作者至情至性的描写中领悟其表达的精到与情理相融的和谐。让孩子们觉得语文课堂,也是他们快乐学习中离天堂最近的地方。"——这是我在《藏戏》教案差不多成形时,写下的一段简短概要的教学设想,也可称其为设计理念。

但想的、写的,总是比上的要顺理成章且天花乱坠!虽然我满怀热情且充满感动,但面对不同的学生、不同的课堂、不同的自己,理念、设想的脚步似乎总是比现实少了、慢了那么一点,或者又多了、快了这么一些。所以课堂的遗憾,总在"我到底该要的是什么,又该怎么要"等问题的处理和把握上,徘徊在理想的语文教学天堂门槛之前,让人且忧且喜,又且思且行。

一、迈向"天堂"的步伐——课堂引入,是重锤定音,还是润物无声

"我国的西藏,有广袤无边的天然牧场,高耸入云的高原雪峰,风韵多彩的冰川风光,充满灵性的神山圣湖,美不胜收的服饰民居,至今谜团未解的王朝遗址,为朝圣者祈福的经幡和玛尼堆,充满象征意义的寺庙建筑、壁画和藏族神佛……我们的西藏人民诚挚宽厚,他们快乐祥和地生活在这样一片自然条件恶劣却又神秘美丽、令人敬畏的土地上,以自己的智慧、勇敢与执着,铸就着自己的民族精神与魅力,铸就着自己深邃神奇的高原文化。"

在课前和学生一起聊西藏后,我边播放课件边深情讲述引入课文学习:"今天,就让我们带着一份对这个神秘世界的向往,带着一份对藏民族的尊重,来领略被称为"藏文化活化石"、已有600多年历史的藏戏的独特魅力吧。"

这是我自己全面了解西藏后,满腔热情、满怀向往写下的一段话,我想和孩子们共鸣,也让他们因着对西藏的热爱与兴趣和我一起满怀期待地走向藏戏。可第一节课试下来我发现:神秘的西藏、美丽的画面是完全吸引孩子们了,可他们还来不及走进倍感新奇与无比喜爱的美丽遐想,又得莫名其妙地随我走进古老的藏戏了。所以,根本转不过弯的他们,只能发傻;而想以重锤定音的我,只有尴尬!

今天我们要一起学习的课文,是广泛流传于世界之巅——青藏高原、藏民族的传统剧种——藏戏。在读这篇课文之前,听说过藏戏吗?

让我们一起读读关于藏戏的资料:藏戏,也称"阿吉拉姆",是现存中国戏曲剧种中最为古老的剧种之一,距今已有600多年的历史,被称为"藏文化的活化石",充满神秘的雪域高原色彩和远古时代气息……说说它给你的最初感受吧!

第二次再试这课改为这样引入，课前谈话播放学生较为熟悉的戏曲视频，聊一聊课前搜集的中国传统戏曲资料，和孩子们一起轻松又随意地走进了课文。孩子们思路顺畅、感情真实、舒爽自然，让我不得不感叹：只有随"生"潜入"文"的语文教学，才会是自然的、成功的；因为"润物"本来大都于"无声"之中。

二、纵观"天堂"的全景——整体感知，是轻描淡写，还是浓墨重彩

关于"整体感知"文本内容，可能不少教师会觉得：讲多了与品读具体内容重复，而且枯燥无味，没有什么情趣。特别是在公开课上，讲多了，不太好衔接，又容易与后面要教的内容重复。因此，在许多家常课或公开课上，"整体感知"往往都只虚晃一枪，甚至被束之高阁。

同样，《藏戏》的教学，因为此文介绍了形成与特色两大内容，整体感知环节，肯定会与学生细读文本的环节有所重复。因此，在最初备课试教时，我就自以为聪明地省去了全文的感知，设计了这样似是而非的"特色"感知环节：

1. 学生读课文，思考藏戏与你平时印象中的其他戏曲有什么不同。学生各抒己见，畅谈初步感受。

2. 藏戏，因其独特的地域与人文环境，有许多与众不同之处，形成了自己的特色。它到底有哪几个主要特色呢？快速默读课文，找一找。

3. 学生交流，概说藏戏的三大特色：（1）戴着面具演出；（2）演出没有舞台；（3）一部戏可以演出三五天还没有结束。

4. 你对哪一个特色最感兴趣，选择学习，交流感受。

学完三个"特色"之后，我再让学生作为藏戏的"雄谢巴"（剧情介绍人）介绍藏戏的形成，进行课文第5～7自然段的复述。这样的设计看似顺畅、干净，可在教学中我发现，初读的孩子们还是站在全

文的角度去看问题，不少孩子初谈感受就已经说到关于"形成"的内容了，老师不评点显然不尊重学生，评点了又感觉不为自己设计所用。因此，当教师的"教"的设计偏离了学生"学"的实际，就注定了现实与理想的背离与失败。

于是我作了这样的修改：

1. 藏戏虽然距离我们十分遥远，但却是藏民们十分熟悉，也十分喜爱的生活的一部分。下面就让我们跟随作者更好地了解藏戏。这篇课文是带星号的略读课，我们可以借助课前的"学习提示"帮助我们进入阅读思考：（课件出示课文的"学习提升"）

"不同的地方不仅有不同的节日风俗，还有独具特色的艺术样式，比如，安徽的黄梅戏、河南的豫剧、浙江的越剧、四川的川剧都非常有名。下面这篇课文，讲的是藏族的传统剧种——藏戏。默读课文，想一想藏戏是怎么形成的，它有什么特色，再用自己的话说一说。"

2. 指名读。注意听，有两个关键词和课文内容紧密相关，看谁能迅速找出？（形成、特色）

3. 这两个词可以提示我们什么？——课文主要写了这两方面的内容。

4. 很会读书，那么课文哪几个自然段分别写了藏戏的"形成"与"特色"？快速浏览课文，找一找。

5. 指名交流，同学们可以边听边用笔做个记号，留下思考与读书的痕迹。

教学是需要方法和策略的，略读课文前面的连接语就是我们可以利用的有效资源，也是培养学生学会阅读的有效方法。课堂上学生利用连接语，很快就揣摩出了课文的主要内容，同时在快速浏览中，便捷又迅速地把握住了文章的结构与整体，可谓是一举多得，事半功倍。因此，因着对环节重复、环节过渡等害怕而将"整体感知"轻描淡写，忽略学生阅读心理与学习心理，忽视整体感知能力的培养，而进行的一厢情愿的教学，势必最后谁都不讨好。我们不如浓墨重彩，更有效地挖掘和利用文本资源，寻找可以解决的有效途径与方法策略。任何时候、任何问题，办法总是比困难多！

三、打开"天堂"的大门——环节设置，是边研边思，还是至情至性

新课程语文课堂教学改革至今，有一点已经被越来越多的老师所认同：语文首先是工具的，而后才是人文的。因此，我们必须很清楚地知道：我们到底要给学生什么？我们每个环节到底要做什么？秉着这样的想法，就"形成"环节的复述，我做了这样的设计：

1. 藏民族古老又神秘，藏戏的形成是藏民们的一个骄傲、一笔财富，几乎每场藏戏的开场部分，都会自豪地陈述着关于唐东杰布的传奇故事。（课件出示课文第4～7自然段）

让我们根据作者的精彩叙述，也来讲述一番吧。

2. 先让我们回忆一下，平常复述课文最擅长的一些方法吧。

学生交流。整理内容主要意思（起因：发誓架桥；经过：组成藏戏班子；结果：58座、开山鼻祖），找出好词好句进行运用。

3. 默读课文，划出好词好句，有不懂的地方请及时提问，各自准备。

4. 指名说，同桌互说，推荐说。

以上环节目标清晰，有一定的层次，可操作性也挺强。可到了课堂上，学生学得清清楚楚的同时又显得过于理性、枯燥乏味，少了情趣与情境的语文也就少了一些活力与生命力。当这个致命的弱点被专家与老师提出之后，作为设计者的我，真的觉得为难——语文就是语文，想要这么多，能行吗？六年级的大孩子，你又能为他们创设什么情境才不显做作与幼稚呢？当我"众里寻他千百度"，最终发现了一张藏戏演出的照片可作为很好的教学资源时，我再次发现的确只要努力，

总能于"蓦然回首"中，发现"那人却在灯火阑珊处"。

于是课堂就有了以下的改进：

1. 给同学们看一张很常见的藏戏演出的现场照片。猜一猜，后面背景（唐卡）中间的人物是谁？自由读一读课文对于藏戏形成的描写，结合背景画面，从文中找出依据。

2. 学生自由读文，交流。

是唐东杰布，因为他是藏戏的开山鼻祖，没有他就没有藏戏。画面上有铁索桥，还有七位仙女……

3. 所以每场藏戏的开场部分，都会绘声绘色地讲述他的故事。听，藏戏开演，解说者"雄谢巴"开讲了——要说我们藏戏啊，那就得先从我们藏戏的"戏神"——西藏高僧唐东杰布的传奇故事讲起。那时候……于是……就这样……（板书这三个词）

4. "雄谢巴"到底会怎么生动地讲述他们的"戏神"的传奇故事呢？根据课文，想想怎样抓住这三部分主要内容，既讲得概括又吸引人，以招徕观众。可以同桌或小组进行合作复述。

5. 指名展示，请同学们认真听，有什么值得你学的，你还可以提什么意见？

6. 评点交流，再做准备，推荐展示。

7. 情境对话，引出"特色"。

多帅的"雄谢巴"呀，能给大伙儿说说咱们藏戏最大的特色是什么吗？

教师随机板书：面具 舞台 时间

8. 厉害！来，我们接着往下看藏戏吧，自由读一读课文描写特色的部分，看看最吸引你的是哪一个特色，并从文中找出依据……

就这样，借着学生猜测照片人物所激起的阅读兴趣，课堂上创设了良好又自然的具有一定思维与阅读深度的学习情境，从猜人物、突出故事主人公，到抓住文章连接语客串"雄谢巴"复述故事，再到引入描写藏戏特色的语段的学习，既自然顺畅、一气呵成，又轻松自如、至情至性，将语文阅读的思考研读与人文情趣，较为圆满地融合，让语文课堂能有研有思又有声有色。

四、欣赏"天堂"的美景——教学内容，是花团锦簇，还是修枝剪叶

西藏是一片广袤博大的土地，布达拉宫、广袤牧场、神山圣湖、经幡、玛尼、寺庙……处处充满神秘与沧桑，无不寄托着众多朝圣者的信念与情感。也因此，这片土地铸就了一个深沉豪放又乐观执着的民族，历练着独属于他们自己的文化与精神，令无数人感慨万千，也使无数人为之魂牵梦萦，甚至宁愿化作游荡在高原上的一片云，只为能远离尘世的俗媚与喧嚣。

于是，我走进图书馆、书店，《一个人的西藏》《西藏的天堂时光》《藏地牛皮书》《西藏采访笔记》等关于西藏的书铺天盖地，几乎占满了旅游类书籍的专柜；而《藏地奇兵》《藏地密码》等以西藏为背景的小说，更是成了书店、网络上的畅销书。也因此，"西藏"将我紧紧包裹，让我在"藏戏"的牵引下，满脑子都是与"藏戏"相关的西藏，甚至因此充满激情，想把一切都给孩子们，让孩子们和我们一样充满对西藏的热情和好奇。

省去"重锤定音"的开头后，我于唐东杰布、藏戏特色等处加进了大段的文字介绍、生动图片与激情洋溢的描述，课堂效果是：内容很好却太多，让孩子眼花缭乱，疲于奔命，只能匆匆走过场没有实效。某些时候甚至出现老师一人沉醉其中，而学生是似懂非懂、无所事事

的被动局面。所以,权衡再三,花团锦簇的设计只能老老实实地修枝剪叶,删繁就简,省去无意注意以突出重点。

"藏戏,也称'阿吉拉姆',是现存中国戏曲剧种中最为古老的剧种之一,距今已有600多年的历史,比我们的国粹——京剧还早400多年。它拥有自己固定的演出程式,拥有自己传统的《文成公主》等八大经典剧目。每次演出都热闹非凡,观众围得水泄不通。由于受到特殊的地理环境和严格的宗教神规的制约,藏戏受汉族文化影响较少,保留了自己独特的原始风貌,更保留了藏族古代文学语言的精华,具有极高的学术价值,被称为**'藏文化的活化石'**,充满神秘的雪域高原色彩和远古时代气息……"

删减为"藏戏,也称'阿吉拉姆',是现存中国戏曲剧种中最为古老的剧种之一,距今已有600多年的历史,被称为**'藏文化的活化石'**,充满神秘的雪域高原色彩和远古时代气息……"不一股脑儿地把一切都给学生,那样只会使重点无法突出,让整个内容显得模糊不清。

将"唐东杰布是明代的著名建筑师,是藏族人民的骄傲,被称为藏戏的'戏神',更是藏民们心中正义、勇敢、智慧的化身"中的"明代著名建筑师"删去,以更好地突出与"藏戏"相关的内容。

"茫茫雪域高原就是它们的舞台,夸张的面具让他们的演绎显得简朴又神秘,而每年长达一周乃至数十天的'雪顿节',他们只演一部戏,观众却乐此不疲!他们甚至仅凭《文成公主》等8部戏,演绎了600多年至今不衰,可谓创造了世界戏剧史上的奇迹。今天,我们掀开的只是藏戏的一角,我们可以通过网站、书籍,乃至走进西藏,来继续满足我们对于藏族人民的好奇与那片高原的热爱。毕竟对于藏戏的研究,对于藏族文化的渊源与发展的认识……值得我们去关注的,还有很多很多……"

这段洋洋洒洒的话,对于在西藏文化与风土人情中沉醉不已的我来说，真是已经概括又概括了，可是最后当我于课堂结尾上激情呈现时，还是发现自己剥夺了孩子说话的时间，造成了教学最大的失败。所以，只有真正为孩子着想，把课堂还给孩子，才是成功的。

备着这堂课，上着这堂课，总是不断有一种源自于内心的感动与冲动。那是一种说不清、道不明又欲罢不能的使命感，更是一种不禁神往、搜索探寻又乐此不疲的痴迷感。回想选定课的当时，仅是源自于刹那间的神秘与好奇，而一路走来，不想那份感觉竟然自始至终都是有增无减。哪怕就是现在，藏戏也依然在我面前，散发着令人着迷的诡异之光，你似乎永远也看不清它，又似乎前世就曾与它朝夕相伴——这就是我们这个古老国度古老戏曲的魅力，这也就是生活在世界之巅的藏族同胞们所创造的伟大奇迹。就如一路走来，对于新课程语文教学的那份热爱与痴迷，多么希望自己和孩子们能一起步入语文教学的天堂。哪怕永远都只是在离天堂最近的地方驻足思考，永远都只是作为一份理想而存在，那也是一份美好。

第四节

反思老课新教的教与学

——以人教版小学语文五年级上册《开国大典》的设计为例

语文教材中有不少传统的经典课文，不少教师从自己小时候就开始读，走上教学工作岗位后又一直教了几十年。对于这样的"老课"，我们必须要顺应时代的变化和课改的步伐，不断进行"新"的思考与尝试，从而让学生和自己都能有"新"的收获。但怎一个"新"字了得啊？

一、老课新读——启发于单元人物专题

《开国大典》是五年级上册第八组第二篇精读课文,本单元主题是"走近毛泽东",文章记叙了1949年10月1日在首都北京举行开国大典的盛况,表达了中国人民对新中国的诞生无比自豪、激动的心情,展现了中华人民共和国的缔造者们特别是毛泽东的领袖风采。

这篇老课要读出"新"意,当然不是老师自己的主观臆断与刻意求新,而是老师在自己的教学历程中,与孩子们共读文本时,碰撞的智慧火花与细读后的感知发现。

《开国大典》是描写盛大场面的文章,为什么要放入"走进毛泽东"单元呢?——孩子们对于建国的历史以及毛泽东,了解不多,但他们读课文就可以发现:课文中入场—典礼—阅兵—游行等各部分的描写都聚焦于毛主席,他的一举一动推进着大典的进行,让人民群众无比激动与兴奋。这是为什么呢?研读的发现让孩子们有了去了解历史与伟人的需要与动力,之后再回到课文,孩子们就会感同身受地去关注毛主席,和人民群众一起欢呼、欢跃。

所以,老师再三斟酌,结合学生实际,综合过程方法、知识能力、情感态度等维度,制定以下三个教学目标:

1. 通过朗读、比较、质疑、想象等方法,理解"欢呼、欢跃、大江南北、长城内外、站"等词语的意思,有感情地朗读课文重点语段。

2. 品读发现场面描写中反复使用语句的手法,感悟其表达的特殊情感,并学习仿写。

3. 通过研读思考与资料拓展,初步了解毛主席的丰功伟绩,感受人民群众对新中国成立的激动心情和对毛主席的热爱之情。

看着这三个目标,或许您会疑惑——本文于场面描写中聚焦一个人物,点面结合,是很好的写作方法,为什么本课教学不作为重难点进行突破，反而去关注小小的反复呢？——的确，我们最初也是这么思考，并且这么去做的！可是，适得其反，我们发现，五上的孩子才刚刚跨入高年段的门槛，要他们马上从布局谋篇的角度去习得，有些拔苗助长、操之过急了。我们老师只有在学生学好语段的基础上，才可以适当地引导其关注篇章的特点，让其有所感悟，慢慢习得。

所以，我们把"点面结合"的教学与点拨，移至本课的第三课时；第二课时在第一课时进行整体感知、理清典礼程序、学习课文1~4自然段的基础上，教学课文5~15自然段，研读"宣读公告、升国旗、高呼游行"等场景描写的重点语段，让孩子们发现和感悟场面描写中"反复"这一微妙写法所传达的特殊情感，让学生们亲历"整体感知—体验激动—发现焦点—阅读资料—仿写抒发"这一语文学习过程，帮助孩子们建立场面描写与人物描写的有机联系，并习得语言，引领学生于第三课时的学习中，再经历"从整体到局部再到整体"的过程，使学生的语文能力得以不断提升。

二、老课新学——立足于特殊语言现象

（一）读出特别的激动心情，顺势而导，铺垫基础

课文所描绘的场景是具有感染力的，孩子们一读，就可以感觉到激动与快乐。我们顺学而导，引领孩子们先找出让人觉得激动的语句，读出激动，以反复地读加深对内容的理解，为质疑、探究打下坚实的基础。

（二）立足学生的质疑问难，以生为本，情理相融

第7自然段的文字，粗略读过，谁都不会觉得难，可其间的奥秘却是很多孩子都无法领会的。为了更充分地尊重学情，为学而教，不强加给予，我们大胆地在本应情感激越的教学主调中，加入了理性的

质疑问难，让孩子再读文字，于进行静静思考的过程中，发现似懂非懂的词语含义及课文写法中的秘妙。然后老师再顺学而引："同学们，刚才大家自己提问，理解了课文之后，再来感受这令人激动的大场面，一定会读得更有感觉。""读着，读着，你觉得'这庄严的宣告，这雄伟的声音'写两次有什么好处了吗？"……学生读书的情感、读书的收获不可能一蹴而就，只有努力基于生本的层层推进，有充分的朗读，有激越的情感，有静心的思考，才会有智慧的发现与真实的收获。

（三）关注特殊的语言现象，品其微妙，学习仿写

本文重要场景和重点语段的描写，我们一读就可以发现一个显著特征：每个场景中都反复使用了某一个词语或句子，以充分表达"开国大典"这一伟大历史时刻，以及全中国人民那无比振奋与自豪的心情。

"这庄严的宣告，这雄伟的声音，使……"这一句式统领课文第7自然段；"一齐"全文共出现5次，"接着"接连使用了4次，"鼓掌"或"掌声"共出现5次，"欢呼"或"高呼"出现6次，"万岁"出现7次，"毛主席万岁"一句重复2次，另外还有"不断地……不断地……""只听见……只听见……"等多个重复用词的句式。

很显然，对于这样一篇带有强烈的政治色彩的文章，这样的语言现象绝对不会是作者随意为之的。那么，为什么会这样写？又有什么作用，能表达什么特殊的情感呢？

孩子们自己发现了问题，提出了问题，并在不断地读中感受到了这一特殊语言现象所表达的强烈的情感。同时，他们进一步研读发现课文并不是简单的重复，它有微妙的变化，对比"全场、全中国""三十万、四万万""欢呼、欢跃"等词语，可以发现：地域在扩大，人数在增多，情感在增强。这种递进的反复，是我们常用的、有效的表达情感的手法，让学生去发现、去体悟、去习得，定会对他们日后的语文学习与情感表达有所帮助。所以最后，我们设计了可选择的两道练习，让不同程度的学生，都可通过本课的学习，展开实践，尝试表达，充分体现语文课堂的实践性与有效性。

三、老课新教——呈现于教学内容取舍

都说"一路风雨一路歌"，而我们老师一路走来，在最后展示课之前，却几乎是一路荆棘没有歌。就在公开课的前三天，我们上课的老师还被一堆的人围着批判，而他自己似乎也就真的有些摸不着北了。一人一说，一人一法，一课一思，一课一改，专家的引领、团队的智慧反而成了他前进的障碍，因为他真的觉得大家说得都很有道理，都很受启发，于是课堂上什么都想要，可许多矛盾又应运而生，结果什么都解决不好，学生似乎啥也没得到。

比如本文的教学重难点确定为突显关键人物——毛主席，一定要抓住此重难点好好展开教学，可文章中直接描写毛主席的语句少之又少，怎么抓啊？文章对于场面描写中点面结合的写法习得，教学中不凸显太可惜了，可孩子一边读"点"，一边学"面"，被搞得糊里糊涂。人民群众这么激动，因为以前倍受压迫，祖国的屈辱史如果能让学生再回顾，情感才能推向高潮。可一堂课要加入毛泽东领导战斗的资料，又要补充屈辱史，是否有些喧宾夺主？文中的"28响礼炮"，代表的是毛主席领导中国共产党28年奋斗史，多亮的教学点，一定要放入。可怎么引出这个问题呢？教学语段又不能太多……这许多的困惑与不断的纠结，相信许多上过公开课的老师都曾经经历过，而且也一定记忆犹新，因为太多纠结与痛苦。

最后，我们想：真正的"新"教，绝不会是让人如此痛苦的。于是，我们就忍痛割爱，明晰目标；删繁就简，集中突破；聚焦人物，关注语言；以生为本，有效实践。

当然,最需要大气度、大手笔、大智慧的,是课堂。本节课,孩子的表现非常棒,非常会读书,我们发现孩子们课前已经读懂了很多,不少语段甚至已经都不需要老师再教了。课堂上,老师给了孩子们很多表达、交流、展示的机会,也随机调整了不少教学的预设,显示出了一定的气度与智慧,许多的精彩相信不是老师都能感同身受。但面对学生别样的精彩和超出预期的表现,如果老师能及时生成有效激励,并能灵活借助孩子的精彩,更好、更迅速地推进课堂学习,学生将会更具学习的动力与成就感,后面的"写"也就可以留出更加充分的练习与反馈的时间,课堂也就可以有更多的留白与成长。

老课之所以能"老",是因为它"老有所值",文中必有精华;新教之所以能"新",是因为它"新有所用",课中必有所得。只要我们懂得取其精华,为我所用,必定课课有得。

第 五 节

尝试一课两教的思与行

——以人教版小学语文五年级下册《珍珠鸟》的教学为例

"授之以鱼,不如授之以渔。"真正的留白课堂,教师成竹在胸,退位在后;学生冲锋在前,主权在手,积极参与,大胆实践,以收获真正的"得"。我们以小学语文五年级上册《珍珠鸟》这一略读课的留白教学为例,对比常态教案和留白设计。

常规设计	留白设计
1. 检查预习，解决字词，整体感知课文。	1. 分享预习成果，自主质疑，初谈感受。
2. 一读课文，感知珍珠鸟的可爱。 3. 二读理解，作者如何赢得信赖。 4. 三读动作，感受小鸟亲近的变化。 5. 深读聚焦课文第10自然段，感受美好境界。	2. 默读留白，感受不一样的爱鸟之情。 3. 练习留白，交流梳理别样的读书收获。 4. 想象留白，批注重点语段的"亲近"情意。
6. 拓展阅读，提升认识。	5. 课后留白，根据需要自主学习拓展"美好"。

一、强化课堂"留白"意识，哪怕从贴标签开始

对比两份教案，光从标题看，就可以发现，留白的教学设计中的每一个大标题，都有"留白"二字——课前留白、默读留白、练习留白、想象留白、课后留白。乍一看，若思考细究，恐怕真的有"贴标签"之嫌。但作为一种研究，在尝试的初期，我们首先要求自己，哪怕是贴标签，也必须在每一个环节，有"留白"的意识，要不断地强化，不断地提醒我们老师，要在课堂上为孩子们的学习实践与发展提高，留出更多的时间与弹性的空间。

二、做到显性与隐性结合，让"留白"能深入又浅出

实验初期，我们最早提出的是课堂留白10分钟，意在每节课老师都能留出近四分之一的时间，让孩子想做什么就做什么。可是，我们尴尬地发现，给学生"留白"，成了"留傻"，听话惯了、被动惯了的孩子，坐着傻傻的，根本不懂得如何有效利用时间自主学习。同时也不该把课堂做留白与非留白的机械分割。于是，我们就尝试根据教学目标、内容与学情等方面因素，让"留白"做到显性与隐性结合，从强化意识到真

正建立"以生为本"的理念,既能深入教学的每一个环节,又能给孩子留下一定的自主学习的时空,让孩子们能自己添加想要的色彩。

《珍珠鸟》的五大教学板块,前四个板块的"留白"均融于语文实践活动之中,分享课前的预习成果,思考感受作者养鸟"不动声色"的与众不同,填表练习发现动作描写、人鸟交互及事情发展顺序等文本秘妙,想象批注"信赖创造的美好境界"等环节,将"留白"隐于充分的阅读实践、独特的读书感受、多元的思考发现与充分的理解表达之中,为学生留足读书的时间,留宽品读的空间,同时也留驻了语文的独特。最后一个环节,则是一个开放的显性的留白,孩子们在课前谈话的启发下,根据自己的学习需要,有选择地进行自主学习,可以朗读抄写,可以阅读讨论,可以批注练笔;或查漏补缺,或历练能力,或发展兴趣,鼓励学生用自己喜欢的方式学习,满足学习需求的同时,进一步保障教学目标的全面达成,促进学生对文本内涵的深刻理解及课外阅读与生活的拓展,让课堂"留白"能深入于文本与生本,浅出于需要与兴趣。

三、努力有别于常态设计,尽力彰显"留白"时空

再来对比两份教案,可以发现,常态设计中检查预习,整体概括;一读感知鸟的可爱;二读理解作者如何赢得信赖;三读体悟小鸟动作的亲近;深读聚焦信赖的美好境界;拓展阅读,提升认识。各大环节可谓是环环相扣,紧紧围绕教学目标,有层次地展开教学,逐步深入研读,提升情感认知。虽然稳妥且扎实,但显然,每个环节的指向是相对单一的,学生的思维空间是相对狭窄的,能力发展是相对固定的,情感认知是相对一致的。

经过修改与思考后所调整的留白设计,努力立足学生的学习前认知,将"预习检查"改成了"分享预习成果",加进了学生的自主质

疑，变"要我学"为"我要学"，变泛泛而谈的整体感知，为对鸟和人初步印象的多元体悟，同时删减了第二个环节，直接切入第三个环节学习作者的与众不同，为学生自主学习预留时间；填表练习的环节，充分展开，变单一的动作变化，为描写方法、行文特点、文本题材等多个维度的发现，让学生对阅读所提取的信息进行梳理，思考感悟，感情朗读，初步感知文本内涵。立足于此，减去在教师带领下共同聚焦研读第10自然段的环节，让学生阅读美好、批注快乐，在自主选择的阅读中，静心深入地聚焦于自己感兴趣的语段，展开想象，进行批注，并由此体悟信赖创造的美好境界。最后开放的显性留白，将原设计的阅读延伸与生活拓展纳入其中，既为学习能力较弱的孩子可以自行读读写写达成下限目标提供了保障，又为学有余力的孩子可以再走一步留出了可能。

我们知道，今天的"留白"，留下的还只是一种尝试，其中必有许多不足与缺陷；我们希望，今天的"留白"，留下的是我们尝试的勇气与继续前行的思考；我们更相信，今天的"留白"，可以留驻的，是每一个参与指导的专家、领导与老师们的智慧和给予我们的启迪。

第六节

践行课堂留白的"小"与"我"

——以部编教材小学语文二年级上册《我是什么》的教学为例

语文教师的"情至深"，是为了学生"有所得"。课堂留白首先要求我们充分认识并遵循学生年龄小的身心特点，为每一个孩子搭建展示的舞台，努力让每一个孩子动起来，活起来，发展起来。《我是什

么》是二年级上册拟人化的科学短文,在留白教学中,教师以"我"为线,在猜猜、认认、变变、写写的过程中,突显语文的特性,引领学生读出谜底,读通课文,读好变化,读会本领。每一个孩子都在积极参与中得到了机会,在扎实有效的语文实践中,兴趣盎然地听说读写,快乐发展。

一、"小"学生,"我"爱学习

"猜谜语"是深受低段儿童喜爱的益智游戏。本课的教学以"我"的"谜语"为线,以"猜猜我、认认我、变变我、写写我"四大板块来推进有趣的课堂,不断激励孩子们投入学习,努力使学生能够身心快乐地自主投入学习。

课堂伊始,从课前的猜谜引入,将课文变成一个大谜语,让孩子去猜"上边毛,下边毛,中间一颗黑葡萄""左一片,右一片,隔座山头不见面"的谜语,既迅速集中他们的注意力,吸引其进入课堂,为上课做好积极的心理准备;又以谜底为激励手段,比一比"谁的眼睛最亮?谁的小耳朵最会听",激励低段儿童养成良好的学习习惯。他们带着快乐的疑惑,兴致勃勃地读起了书。

当他们开心地猜出谜底后,老师再耐心地帮他们解决读书的困难,在不断的鼓励与灵活的方法中,以富有童趣的语言,不断激发兴趣。"说得真好!课文写得更好呢!……我们来认认真真地读一读,答案就更清楚了。……我们先一起和这一池的水变到天上去,好不好?……想不想再把水给变下来?……真能干!水会变!我们小朋友也会变呢!读着读着,书上的话都变到我们心里去了!我们再把读到心里的用简单的话变出来,好不好?谁能按课文内容填空?"学生发现了"水"像魔术师、孙悟空般能上天入地,体验了自己也能变的快乐。整堂课学生热情洋溢地读着、变着,变着、读着,个个小眼放光,小手高举，小口常开，小脸通红。

二、"小"班级，"我"有机会

课堂上，以生动有趣的读书"猜谜"充分激发学生参与的积极性后，老师引领学生进行了大量的教学实践，鼓励大胆发言，给予热情鼓励，不断激励不同层面的学生参与语文实践，努力让每个孩子都能有空间发挥，有机会展示；让每个孩子都能走进来，动开来，读出来，好起来。

比如在"初读课文，认认'我'"的环节，以"开火车""当小老师"等形式为孩子们留出了充分的读书时间，给每个孩子实践的机会。再如"整体感知，说变化"一环节，教师引导学生对第1、2自然段进行深入的整体感知，通过伙伴交流、互评互学等形式，完成对"我"的变化过程的初步建构。在此过程中，教师注意了解学生所圈出的答案，一起梳理"我"的变化，同桌互对答案，互说变化，人人参与，全面反馈。

三、"小"字词，"我"会读书

留白课堂强调的是充分尊重孩子的个性，关注到每一个孩子的微小变化，教师必须要抓住教学重点，关注教学细节。

低段的语文教学，识字是重点。教学中，初读反馈帮助学生读通课文时，根据学生的朗读情况，随机指导读好"极小极小的点儿、就管我、又管我、暴躁、灌溉、冲毁、灾害"等难读的词语，学习"浮、雹"等生字并理解词语意思，适时解决学生读书的困难，为理解课文、感情朗读打下良好基础。

在品读课文环节，教师充分考虑第一学段孩子的年龄特征，做了科学有效的留白预设，生动形象地展开教学，落实好每一个句子中每

一个字词的训练。教师以"变"为抓手,进一步使"极小极小的点儿、衣服、长袍、水珠、小硬球、小雹子"等名词形象化、具体化,让"晒、浮、穿、披、落、打、飘"等动词生动化、表演化,引导学生以小组表演读、相互评价读等留白形式,在读中理解,在读中表现,在读中感受,在读中学会读书。既突显了第一学段识字教学的特色,又让每一个孩子都有情有趣地读进去、动起来,感悟语言的生动、课文的有趣和"我"的变化,实现学习情感与关键能力的双丰收。

四、"小"提炼,"我"能提高

语文能力只有在充分的语文实践中,才能得以养成与提高。整体感知能力的培养是阅读教学的重点。本课的教学,在学生初读课文,梳理文章主要内容,初步感知"水"可以变成汽、云、雨、雪、雹子的基础上,再引导学生读出变化,逐步深入感受,形成具体感性的认识,并进行有效的提炼。让学生填一填句子,并在田字格中学写"晒"、"浮"两个字,更进一步明确并巩固了认识,清晰地知道:"太阳一(晒),水就变成(汽),升到天空,又变成飘浮的(云)。在空中,水会变成(雨)落下来,会变成(雹子)打下来,还会变成(雪)飘下来。水真是千变万化呀!"学生从说到读再到写,经历了一次较为完整的学习过程,跨越了一个个小小的学习台阶,在拟人化的感性语言中提炼了科学知识,在生动有趣的学习中提高了语文能力。

在每一个教学板块中,学生也得到了有效的发展。读是写必不可少的基础,写是读行之有效的巩固,更是语文能力综合提高的途径。在"回读课文,写写我"这一环节,学生按课文内容填空,并写好田字格里的生字。在此过程中,教师注意巡视,关注每一个孩子的书写姿势与习惯,加强个别辅导,指导正误。既进一步帮助学生梳理课文所读得的知识,将它们变成自己的语言;又结合课文情境训练提高了学生的书写能力与水平，更进一步有效地激发了学生读与写的兴趣，展示了课堂每一个留白的时段带给学生的无限精彩与可能。

五、"小"身手，"我"很快乐

一字字，一句句，一段段，学生在有效又有趣地学习着语文。一步步，一层层，一次次，学生在自信又自然地展示着自我。当他们猜对了谜底，当他们认出了生字，当他们读对了词语，当他们读通了句子，当他们读出了变化，当他们填出了句子……在能说会道、能读会写的肯定中，他们个个面带笑容，洋溢着快乐。就如"读读我，'变'上天"这一环节，同样采用生动形象的教学方法，和学生一起活泼有趣地读着、感受着，把"我"从天上变下来，还利用直观形象的板书引导学生背诵积累，尽可能多地为每个孩子提供锻炼展示的机会，给予热情的鼓励与成功的快乐。课堂上，老师扎扎实实地引与导，学生开开心心地学与"变"，好不开心！

留白课堂，虽然学生一显身手时，需要不断练习、反复读书的努力，难免有磕磕绊绊的困难；但过后的点滴进步，同样带给他们无限灿烂。虽然老师开展教学时，需要耐心引导、充分预设与灵活变通，难免有主观牵强的意识、急躁的表现等教学遗憾；但在真诚的期待与有效的提高中，留白因学生的微笑而灿烂，生命因学生的灿烂而快乐！

第三辑

巧用作业单，为自主学习留白

·红黄蓝"三原色"自主作业单，从预习检测、阅读思考、实践练习等三个不同侧重点，传达给学生关于预习、读书、写字等方面的语文学习方法，从中树立学生学习语文的自信，促进各项语文能力的发展。课堂留白的红黄蓝"三原色"作业单，不管是在直观的色彩上，还是语文学习的实质上，都将让学生的语文学习生活更加五彩缤纷。

·当课外的家庭作业成为学生满足自我需求、展示自我个性的舞台，作业就不仅仅是平常的作业，而成了各具特色的作品。每一篇课文学习之前，孩子们会自主摘抄文中好词或自主听写，会找出文中好句写下初步感受；课文学习之后，孩子们会将课堂所得以结构图或表格等形式进行梳理与记录，会摘录重点语句进行个性化的解读，会思考与揣摩文章的独特写法，还会在作业本上随性地记录天气，率真地写下心情，愉悦地配上插画，让作业成为自己生命成长的美丽印记。

第一节

留白的依托:设计三色作业单,强化自主

语文课堂留白的"10分钟",呼唤的是学生积极自主地进行有效的学习与语文活动,或查漏补缺,或伙伴交流,或团队合作,或展示能力,或发展兴趣……其学习与活动的具体内容是多元、灵活、互动且能够促进其语文能力发展与素养提升的。在教师停止集体授课、退出教学主导的这一过程中,不能是完全放任或是低效低能的。而要做到这一点,教师在课前备课时,还要肯花工夫进行留白时间与空间的充分预设。思考整合文本特点、教学目标及学情等多种教学因素,精心设计课堂"作业单",就可让"留白"不白留。

《数星星的孩子》是一篇传统老课文,描写了张衡小时候依偎着奶奶数星星,并在爷爷指点下连夜观察,发现了北斗七星和北极星的生动场景。许多教师小时候就是学着这篇课文长大,在教学过程中,很容易就会按部就班地读读、写写、演演,而忽视了学生的主体地位,让其学习变得被动低效。为"留白"而设的"三色作业单"就在导入、品读、练习等教学常态环节以"语文闯关"的形式,充分激励了学生的学习热情与兴趣。

一、我会预习：预习反馈，自我检测

第一关：我会预习

一、生字新词我认识

读给同桌听，读对的在括号里打"√"。

加点的都是生字，哪一个字特别难记呢？圈一圈，记一记。

碧玉盘（　）　　距离（　）

仰起头（　）　　张衡（　）　　汉朝（　）

撒在（　）　　傻孩子（　）　　一组（　）　　清楚（　）

二、课文大意我知道

《数星星的孩子》我已经读了____次。

正确答案我会连：

　　　　　　　　　　　　　司马光
数星星的孩子名叫　　　　张　衡
　　　　　　　　　　　　　曹　冲

　　　　　　　　　　　　　天文学家
他长大以后成了著名的　　植物学家
　　　　　　　　　　　　　动物学家

第一关学习单的留白是引领学生对课前预习进行自我检测。第1小题要求学生将课文中的生字新词读给同桌听，三组的生字新词要求学生分别读准圆唇音、平翘舌音和前后鼻音；再圈出难记的字记一记，则重点关注"衡、傻"等结构较为复杂的生字。第2题要求学生连一连，整体感知文章内容，用"数星星的孩子名叫张衡。他长大以后成了著名的天文学家。"这两句话说说课文主要写了什么，并复习曾经学

过的司马光、曹冲等著名历史人物小时候的故事,理解"学家"就是对某一个领域非常有研究或有成就的人的统称,懂得植物学家、动物学家、天文学家不同的意思。在此过程中,教师可以随机教学课文生字新词,指导进行整体感知;学生可以全员参与,交流互动,自主学习生字新词。

　　识字教学是第一学段的重点。当前语文课堂的教学程序大都是先由教师出示生字新词,再带领学生朗读正音,接着交流识字方法的教学程序。教师本着不能不好好教的理念,却陷入几乎一成不变的固定模式,让识字教学失去了诸多生趣与活力。而这样的作业单既打破了识字教学无趣的僵局,又给教师解了压,更点燃了学生的学习热情。课堂伊始,就要进行小伙伴之间的互测,课前的预习和平时的积累不能不加强啊!小伙伴们在怦怦的心跳声中,认真地听着对方的发音,相互较着劲儿,又暗暗地向对方学习着。而读错的、记不住的字,在小伙伴的注视下被圈出来了,那么再难记的生字也会有办法记牢它。何况现场还有老师巡视指导,全班的小伙伴一交流,识字锦囊可不少呢。教学过程中,学生于伙伴交流中相互挑战,找到识字的方法与奥妙,获得学习的自信与快乐;教师全面了解与掌握学情,对识字与整体感知进行更有针对性的教学,直面学生学习的重难点,让教育更为真实且有效地发生着。

二、我会读书：读书思考，自我展示

第二关：我会读书

读一读，评一评（读一读，在相应的星级评价中打"√"）

1. 我能边**想象**边读。

晚上，满天的星星像无数珍珠撒在碧玉盘里。

（正确流利★）（读得美美的★★★）（闭上眼睛读得美美的★★★★★）

2. 我能边**做动作**边读。

"一个孩子坐在院子里，靠着奶奶，仰起头，指着天空数星星。一颗，两颗，一直数到了几百颗。"

（正确流利★）（边读边做动作★★★）（不看书读出动作★★★★★）

3. 我能**分角色**读好对话。

奶奶笑着说："傻孩子，又在数星星了。那么多星星，一闪一闪地乱动，眼都看花了，你能数得清吗？"

孩子说："奶奶，能看得见，就能数得清。星星是在动，可不是乱动。您看，这颗星和那颗星，中间总是隔那么远。"

（正确流利★）（问答清楚★★★）（问答清楚有表情★★★★★）

第二关学习单的留白则在学生自主思考读书方法的基础上，引领学生分"想象""做动作""分角色"等三种方法分别读好课文相应的三个语段。首先一起讨论三种方法与语句的关联，理解句子的表达特点与表达方法，然后进行朗读的自主练习，最后展示三种不同方法的朗读，并进行集体交流与评价欣赏。

读，既是目标，又是手段。这样，引领学生以读为手段，在读中理解句子意思，在读中发现句子特点，在读中感悟人物品格；又以读为目标,闭眼想象美美朗读、做动作形象表演读、分角色读好人物对话,兴趣盎然、自觉自主地读出不同形式、不同方法,读背积累生动语言,提高读的能力。

这样的作业单,打破了"作业即书面练习"的惯性思维,让孩子们于"读一读,评一评"中,展开充分的读与评实践练习,并在过程中达成对文本重点词句的理解、感悟、诵读与积累。这样的作业单,摒弃了常态课堂师生一问一答琐碎的阅读理解环节,让学生在充分的实践中进行自读自悟,不仅品读了文本的语言,还习得了不同的读书方法。这样的作业单,为课堂"留白10分钟"提供了有力的保障,让留白有了依托,不再流于形式;让教师不再长期居于主位,总以居高临下的问题展开教学;让学生既有自由呼吸的时空,又有快乐充实的收获。

三、我会写字:写好生字,自主练习

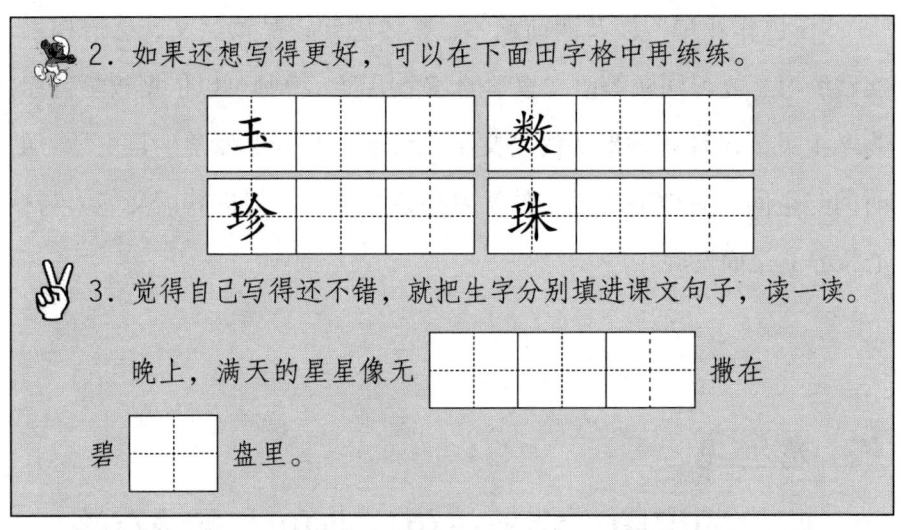

第三关学习单的留白是引领学生自主写好生字。二年级下学期的学生已具有较强的书写能力，该作业单以"三星"明确生字结构、抓住关键笔画、做到笔画工整等要求，激励学生自觉达成；并设计第二个跳跃小关，如果第一小题就达成三星要求，则跳过第二小关，直接把生字填入句子中进行运用，激励学生以更为认真的态度投入书写；第三小关的生字填写，则是告诉孩子，学习生字做到会写还会用，那才算真正学会。这样的练习，学生有明确的目标，也有可以期待的减负过程，更有学以致用的学法启迪，可谓一举多得。

语文课堂中的写字教学，常常就是为了写而写，老师事无巨细地一个个教，学生毫无目标地跟着一遍遍写，重难点不突出，更是欠缺写字的热情。这样的作业单，以明确的"三星"要求减少了教师的教，突出了学生自己的思与练；同时又以第二关激励能力强的学生"跳一跳"，能力弱的学生进行有选择性的强化练习，让写字教学有了弹性与活性；第三关的练习则让生字回到了课文的大家庭之中，既是对课文内容的回顾，又是活学活用，更是对学生写字能力的一种肯定与一次展示。坚持以这种作业单来辅助进行写字教学，必将事半功倍。

"三色作业单"涉及课前预习、整体感知、品读课文、感悟积累、实践练习、复习回顾等语文教学的各个层面，教师可以依据教学目标，为学生灵活设计多种形式的语文实践活动，充分保障学生自主学习的时间与空间，有效激励学生的学习兴趣与热情，促进其语文能力与核心素养的全面发展。

第二节

留白的保障：完成三色作业单，有减有等

课堂"留白"的"10分钟"，并非是一段确切的时间。它可长可短，可以放于课堂的任何一个时段之中，也可集中呈现于整堂课上。将它明确化，是呼吁语文教师在教学过程中必须有意识地为学生的自主学习"留白"，要保障平均每节课至少近四分之一的时间是完全属于学生的。这些时间该从何而来？如何保障？这就要求教师必须做到"减一减"再"等一等"。

一、"减一减"教师无意义的教学活动

"减一减"要求语文教师在课堂上减去自己"一堂讲"和学生"被动答"等无意义的教学活动，为学生自主习得的"留白"省出时间。"减"是为了"增"，这样学生的自主学习就有了时间上的保障。

教师要减少琐碎强势的语言干扰和低效的活动组织，增加学生有效的信息交流和自主活动。在《数星星的孩子》一课的教学过程中，教师没有一处长篇大论，对于课堂的导入、内容的过渡、作业的讲解、

评价的反馈、问题的启发等必不可少的环节，教师尽量精简教学语言；对于内容的理解、语言的特点、人物的品格、思想的感悟等个性化交流，教师努力不说或尽量少说，而是鼓励学生大胆发言，充分交流想法，保障学生有更多时间充分学习实践。该课堂上学生完成"三色作业单"的自主实践时间，分别设定了3分钟、3分钟和5分钟的最低限度，以保证学生能充分展开预习检测、读书展示和书写生字等语文实践活动，历练语文能力。

二、"等一等"在努力学习的学生

课堂的留白要求教师必须"等一等"学有困难的学生，并在学生思考或练习时"等一等"，留出片刻的"白"，给予学生充分的耐心与期待，并给予指导，满足不同学生的需求，不断激励其学习的自信。它应该贯穿课堂始终，渗透于每一个环节。

本课的教学，学生在"三色作业单"的引领下自主开展语文活动，教师认真巡视，对学有困难或需要帮助的学生进行一对一的指导，并仔细确认是否每个学生都已完成。速度快的，提醒可以再认读生字新词、争取每个语句朗读拿到五星级、再进行书写比照争取个个生字达成三星目标；速度慢的，微笑着告诉学生，不要急，我们等你……课堂上，当学生完成作业单的实际时间超出了预计时，教师没有急躁与催促，而是微笑着进行鼓励，细致地发现问题，耐心地进行帮扶。课堂上，教师目中有人，张弛有度；学生轻松自如，学有所获；师生和谐平等，其乐融融。

因此，留白课堂上，教师要善于微笑着"等一等"。交流重要信息时，教师可以故作"停顿"，进行"你们看呢？"等追问，加深学生对重点语段的深入思考，加强其对语言文字的理解感悟；在学生自主活

动时，教师要认真巡视，确认是否每个学生都已完成，并根据学生完成的不同情况，进行有针对性的点拨与鼓励，始终保持不急不躁，耐心等待，温情鼓励，悉心指导，一一帮扶。"等一等"，让学生少了忙于追赶的疲惫与被动，让老师多了目中有人的爱意与温情，让课堂多了张弛有度的从容与大气。

第三节

留白的关键：三色作业单换位，顺学而导

"换一换"是"留白"的关键。教师要努力转换以自己为主导的教学方式，换回以生为本的教学方式，充分体现学生的主体地位，以生为本，顺学而导。留白课堂上，教师每一次的教都以学生的学为基础，没有强势的课堂把控，有的只是依据学情需要而进行的适时引导与灵活点拨。

一、换掉教师主导的教学方式

教师要努力改变备课忽视学情、设计只关注自己如何教等弊端，备课时充分了解学情，确定要教学的内容，找准教学重难点；课堂教学中要明确目标，直奔重难点，教师"少讲、少问"，学生"多说、多练"；课后，教师要反思学生学习的参与度与主动性，并就下节课如何扬长避短进行整改。比如课前准备，教师除了设计教案，更要依据学生的年龄特征与学习情况、文本特点及教学目标，设计引导学生自主学习的"三色作业单"，以有效"留白"。课堂上有了"三色作业单"的引领，换作其他任何一个老师来上课，哪怕没有老师在，孩子们自

己也能自主学习。这样，教师的"导"重在课外的功夫，而"主"的却是学生课内的地位。

二、换回以生为本的教学方式

课堂以生为本的"留白"，要求语文教师课前时刻秉承为学生的"学"而教的理念，设计好学生的学习活动；课中处处让着学生，把学生的学摆在首位；课后继续引着学生，不断点燃学生持续求知的热情。课堂中以学生的学情主导着教学，让学生学有所思，学有所悟，学有所获。教师需要思考与预设的是，如何顺学而导，以学定教；如何抓大放小，突破重点；如何面向全体，有所提升。从《数星星的孩子》一课的板块式教学，可见一斑：

第一板块：完成红色学习单——预习反馈，整体感知，初学生字新词

1. 入题，明确学习要求，学生兴致勃勃准备迎接课堂语文闯关。（1分钟）

2. 伙伴合作，学生完成红色闯关单的"预习检测"，自学生字新词，自主感知全文。（"留白"3～5分钟）

3. 根据学生闯关情况，教学难读难认的生字（比如"衡"），梳理课文大意。（4～6分钟）

第二板块：完成黄色学习单——理解感受，读好课文，随文再识生字

1. 学生自由读课文1～3自然段，思考读好课文的方法。（3分钟）

2. 学生交流讨论，理解感受"想象、做动作、分角色"等不同读书方法与语句特点的联系，教师随机教学"撒"等生字。（5分钟）

3. 学生自主练习，伙伴合作，朗读背诵，争取成为黄色闯关单的

五星朗读小能手。("留白"3～5分钟)

4. 学生展示想象读、表演读和分角色读，感受星空的美丽和张衡的品格，感悟语言的生动形象与表达特点。(5～7分钟)

第三板块：完成蓝色学习单——书写生字，学以致用，交流学习收获

1. 学生自主完成蓝色闯关单的第一小关，对照写字要求，认真书写生字，争取跳过其中的第二小关。("留白"3～4分钟)

2. 集体交流展示生字书写，学生自己比照写字的"三星"要求，进行自我评价与相互评价。(3分钟)

3. 微课教学难写字"数"和"珍"，学生有选择性地自主完成第二小关和第三小关，将写好的生字填入句子，尝试运用。("留白"2～3分钟)

4. 学生根据三次语文闯关，交流课堂学习收获，懂得认真预习、读好书和写好字对于语文学习的重要性。(2分钟)

40分钟一堂课，每个板块基本都是以学生自主学习为主的教学，其中为学生"留白"自主完成"三色作业单"的时间为15分钟左右。学生展开了充分自主又相互合作的学，教师在过程中巡视点拨，发现主要问题，讨论确定教学重难点，选择好解决问题的典型范例。而后交流展示时间为25分钟左右，其中大部分时间也由学生代表进行汇报与展示，其他学生再提出各自不同的看法，教师顺势点拨引导，加强学生对生字新词的学习与语言文字的理解。整堂课可谓都是学生说了算，是学生在真真正正地学习、思考、实践与收获。

第四节

留白的展示：三色作业单激发，秀出能力

"秀一秀"是留白的成效展示，让学生通过留白的自主习得，秀出自己的知识、能力与个性才情，进行自我探索、自主构建和自由展示，以实现自我提升与共同进步。学生的"秀一秀"既可以是课中的几分钟，也可以集中于某节课，形式不拘，按需而"秀"。

一、秀出所学知识

在留白的时间里，学生可以自信展示自己课前、课中或课后所学的知识。比如教师在上课前，引导学生自行预习，用自己喜欢的方式去独立思考并提前实践；课始时，学生畅所欲言或交流展示，教师既可以从中充分了解学情，有的放矢地引导组织下一阶段的教学，又可以促进其学习的积极主动性，形成良性循环，更好地促进其学习能力的形成。如《数星星的孩子》一课第一板块"红色学习单"的预习反馈环节，常现于"留白"课堂，已成为师生都十分喜爱的一项教学活动。

二、秀出学习能力

"秀一秀"既展示了学生的能力，又培养了他们的能力。《数星星的孩子》一课第三板块的写字环节就充分展示了学生的书写能力。教师努力做到"先学后教"，在学生写字之前除了明确闯关要求，不曾做任何指导；学生斗志昂扬准备闯过最后一关，认真地根据闯关"蓝色作业单"中写字的三星要求，仔细观察生字的结构和田字格中的关键笔画，进行临摹、比照、评价、书写、修改，并进行句子运用。在此

过程中,有用心的读与写,有相互的比与改,有快乐的学与用,学生既展示了自己的读题、观察、书写、自我评价与相互评价以及运用的能力,又历练与提高了自己各方面的语文能力。

三、秀出个性才情

"秀一秀"更是学生个性与才情精彩纷呈的展示舞台。《数星星的孩子》一课第二板块在以"黄色作业单"引领的教学中,学生思考讨论朗读的方法,理解感受文本句子的特点,课堂上进行了声情并茂、各具特色的朗读展示:闭上眼睛想象着"满天的星星像无数珍珠撒在碧玉盘里"美美地读;一边做着动作学着"小张衡靠着奶奶数星星",一边感受小张衡坚持不懈的优秀品格;分角色朗读奶奶和小张衡的对话,将两个人的有问有答读得清清楚楚……这样的朗读展示,不仅"秀"出了学生各自不同的朗读表达与个性演绎,还"秀"出了文本的写作秘妙与人物的优秀品格,让学生的情、语言的妙与人物的心悄然融合,让语文课堂有情有趣、有文有人。《数星星的孩子》一课三次闯关,本身也是学生"秀"的过程。"秀一秀"让学生感到语文学习是一件好玩、有趣又可以获得知识的事。

红黄蓝"三原色"自主作业单,从预习检测、阅读思考、实践练习等三个不同侧重点,传达给学生的不仅有关于预习、读书、写字的语文学习方法,还可从中树立学生学习语文的自信,促进各项语文能力的发展。课堂留白的红黄蓝"三原色"作业单,不管是在直观的色彩上,还是语文学习的实质上,都将让学生的语文学习更加五彩缤纷。

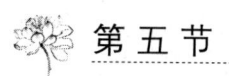

第五节

留白的成长：自主创编作业单，互促共进

"三色作业单"是培养学生自主学习能力的良好依托，它为学生的自主学习打下了坚实的基础，也为学生能大胆施展自己的独特个性与无限创意指引了方向。基于因文而异、丰富多样的"三色作业单"，孩子们学着设计能够展示自己个性与收获的课堂学习单，学会完成自己所需要的预习和复习作业，尝试制作内容各异的课外阅读卡。从课内到课外再延伸至生活，作业不再是老师所布置的任务，而是学生自我满足的需求，成了他们自我展示的平台。对于孩子们而言，作业已经不仅仅是作业，而是他们放飞个性的作品和有血有肉的生命印记。

一、放手课堂，小组合作完成学习单

当学生有了一定的自主学习与合作学习的能力，教师便可尝试在课堂上完全放手，让学生于课前进行认真预习，于课内展开充分的讨论交流，尝试将自己的读书收获以书面学习单的形式呈现出来，再以小组汇报的形式进行集体交流与展示。在此过程中，教师要引导学生明确小组合作的要求，确保人人参与；加强对于学习情况的整体把控与个别指导，并在集体反馈时根据教学目标随机进行评价与点拨，有效突破教学重难点；敏锐地捕捉亮点与发现问题，让课堂中的每一个孩子都能学有所获。

以六年级下册《真理诞生于一百个问号》一课学生创编的学习单为例：

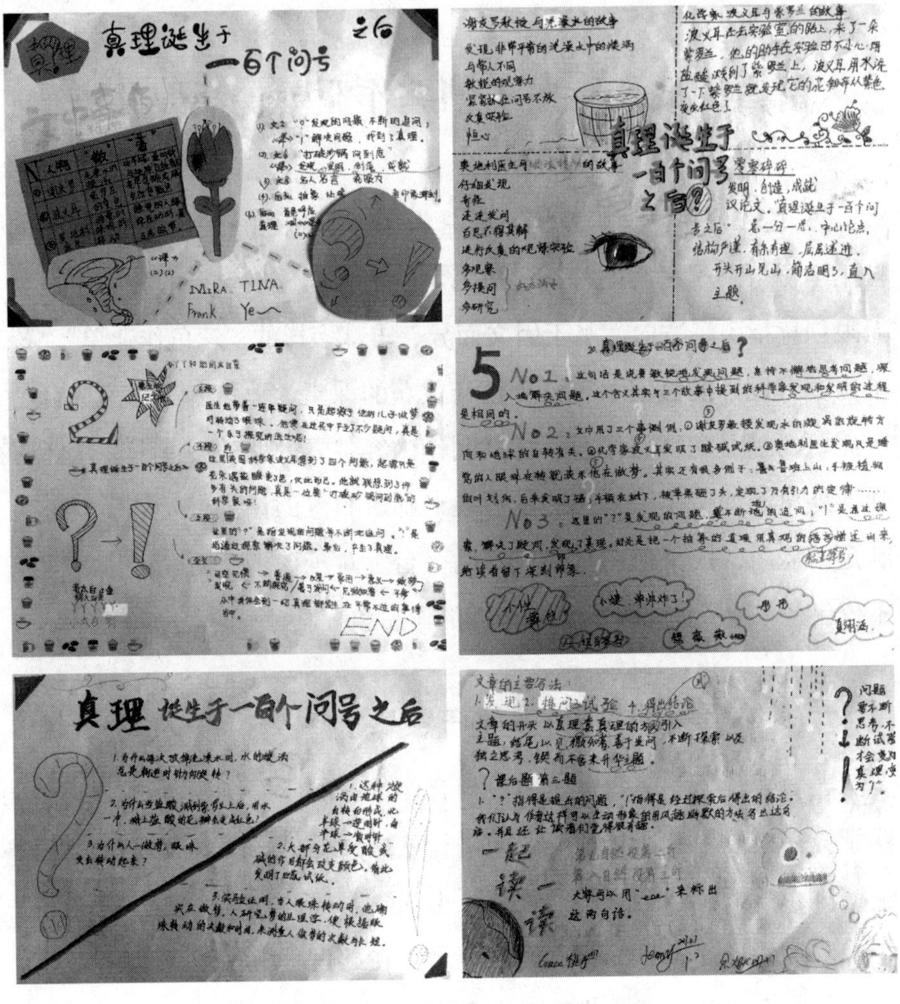

图 3-1 学生创编的课堂学习单

细读上述六张学生于课堂即时完成的学习单（如图 3-1 所示），我们不能不为每个组学生的独特发现和真切感受喝彩。每张学习单，不管是从内容的表达还是构图的编排与设计，都别具一格，各有特色。其共同的亮点是孩子们都能将自己对于文章的发现用简要的文字进行表述，并配以与内容相符的插图或符号来进行凸显。这既是教师平日精心设计"三色作业单"的榜样引领，又是学生放飞个性与才情的留白时空。不管是文字表达的原创性、精美的插图还是个性化的签名，处处可见孩子们投入的热情与精巧的用心。而再细读其中的内容，可以发现每一个小组都从不同的方面展示了自己对于文本的独特理解与发现。

完成第一张学习单的孩子们，准确抓住文章最关键的词语"见微知著"，概括了文章三个事例的主要内容，并将"微"和"著"进行具体化的解释，帮助大家理解这个词；同时对课文第2、6、8等自然段的重点语句进行赏析，结合课后题以及《课堂作业本》《词语手册》等学习材料，道出自己对于问号和感叹号的使用方法、文章首尾呼应等写法的理解。第二组和第三组的学生则以课文所举的三个事例为重点，分别以田字格式与结构图式，阐述事情的经过以及自己对于文章写法等的发现。第四组的孩子们依托课后的三个问题展开思考，进行了较为详细的、有针对性的回答，同时联系自己的生活实际对文章的事例进行了补充。第五组的孩子则抓住文中的"？"和"！"来自问自答，并在其背面写下自己真切的感受："只要你见微知著，善于发问并不断探索，那么当你解答了若干个问号之后，就能发现真理。"完成最后一张学习单的孩子们不仅关注写法、课后题、读后感等共性的问题，还别有新意地进行了"一起读一段第七自然段第二句、第八自然段第三句，大家可以用线标出这两句话"的学法提示，有效突出了文章的重点语句。

能创编这样的学习单，哪个不是会读书又会审美的好学生呢？他们所呈现的、所收获的，必定已经超出了教学目标所设定的范围。这样的学习单常见于我们的课堂之中，留白给予学生成长的精彩与惊喜，也大大超出了我们的想象。

二、联系课内外，按需完成家庭作业

课堂留白倡导的是课堂的结束，只是课内在老师引领下的集体学习的结束，但它却是课外真正自主学习的开始。学生在课内学有所获，学有所得，但同时也会产生疑问，或发现自己的不足。因此，教师在布置家庭预习、复习等作业的时候，就可以充分发挥学生的积极主动性，指导学生按照自己的需求和兴趣为自己布置作业，达成知识的巩固、能力的发展与个性的展示。因此从封面开始，学生就可以为自己进行个性化的设计（如图3-2所示），里面的作业内容更可以由自己来量身定制。

图3-2　家庭语文本的封面设计

当课外的家庭作业成为学生满足自我需求、展示自我个性的舞台，作业就不仅仅是平常的作业，而成了各具特色的作品。教师不作统一要求的预习与复习作业，以充分尊重学生的学习需求为原则，引导学生切实关注自身学习的不足与还需进一步巩固的地方，个性展示自己的独特感受与特长优势，让学生用心、用情地投入作业。预习作业和复习作业之间没有明显的界线，字词摘抄、个性化解读、仿写小练笔都可，哪一天上交亦没有硬性规定。作业形式、作业时间、作业内容及上交时间，都可以由学生自己做主。且看图3-3所示的学生作业展示内容——

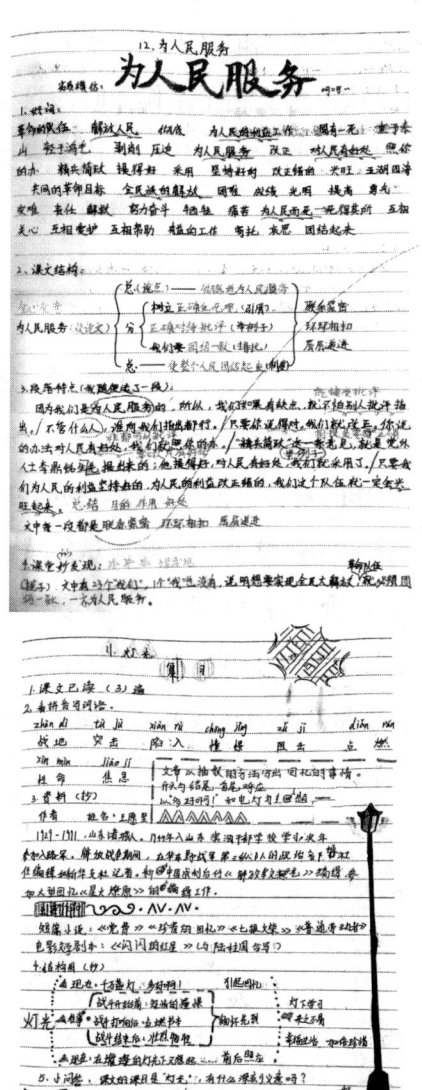

图 3-3　家庭语文本的预习和复习作业

我们可以惊喜地看到学生作业的精彩内容与个性纷呈：课文学习之前，孩子们自主摘抄文中好词或自主听写，找出文中好句，写下初步感受；课文学习之后，孩子们将课堂所得以结构图或表格等形式进行梳理与记录，摘录重点语句进行个性化的解读，关注文章的独特写法进行深入的思考与揣摩,还在作业本上随性地记录天气,率真地写下心情,愉悦地配上插画……我们可以从中感受到学生作业时的投入与快乐,他们让作业本成了自己乐于耕耘的处女地,让作业成了自己生命成长的美丽印记。

三、课外阅读,个性呈现作业成果

课堂留白,呼唤语文教师在确保学生读好语文教科书的同时,还要留出更多的"白",引领学生广泛阅读课外读物,让其漫步书海,能"读书破万卷,下笔如有神"。阅读是创作的基础,创作可以激励阅读。教师要善于激励学生联系现实生活,进行学科整合,大胆尝试阅读创作。教师可以引领学生开展童谣诵读,结合"春秋游"进行童谣创作;根据教材单元主题或课外阅读主题,进行"读书小报"的创编,或模拟生活中的"招聘会",或进行名著的改编,或编写课本剧,展示读书成果,不断呈现读书的收获与快乐。

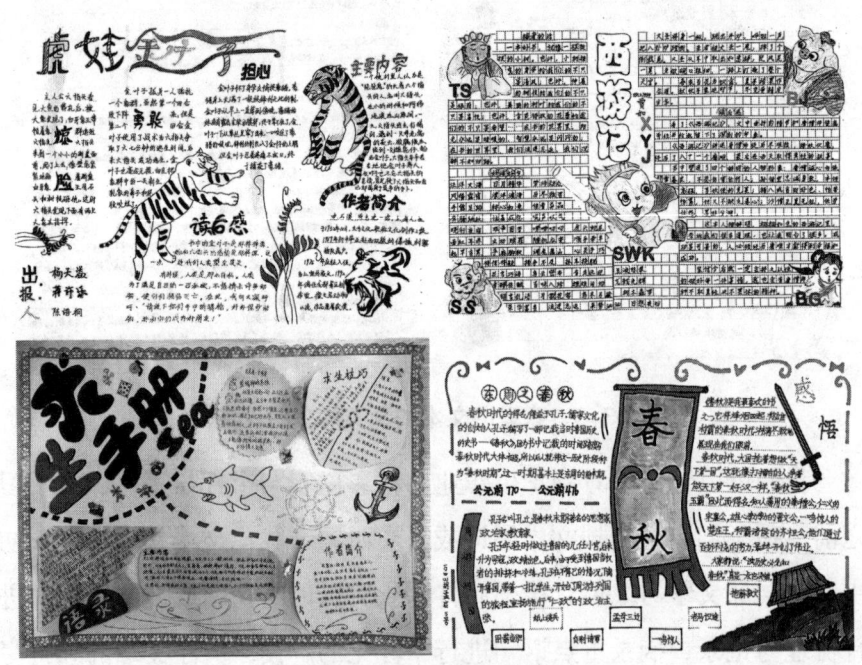

图 3-4　课外读书小报

教师根据学生特点，开辟家长资源，通过组织主题多元与形式不一的读书活动，鼓励学生结合生活和自己的特长进行阅读创作，让书中的人物和故事显出生命的气息与时代的活力，让阅读作业成为学生自觉自发的一种快乐行动与个性展示，并最终使图文结合、个性迥异的读书小报（如图3-4所示）等成果展示成为一道闪亮的风景，让孩子们成长在生活留白的无限时空里，带着一身书香自信又昂扬地迎向幸福美好的未来。

附件1

人教版小学语文二年级下册第八组 29 课

《数星星的孩子》教学设计（第一课时）

教学目标：

1. 利用三色学习单，通过课堂留白激励并培养学生自主学习的能力，提升其语文素养。

2. 正确、流利地朗读课文，会认"撒、玉、仰、傻、距、组、楚、衡、汉"等9个生字，正确认读多音字"数"，会写"数、玉、珍珠"等4个字。

3. 分角色有感情地朗读课文1～3自然段，理解感悟"撒、一直、傻孩子"等词语意思，理解积累文中的比喻句、反问句，感悟人物动作、对话的内在关联。

4. 初步激励对观察星星的好奇，学习张衡从小善于观察、坚持探索的好品质。

教学重难点：

1. 利用三色学习单，通过课堂留白培养学生自主学习的能力，提升其语文素养。

2. 会认"撒、玉、仰、傻、距、组、楚、衡、汉"等9个生字，会写"数、玉、珍珠"等4个字。

3. 分角色有感情地朗读课文1～3自然段，感悟人物动作、对话的内在关联。

教学准备：

课件、生字卡片、三色作业单

教学过程：

第一板块

语文第一关——初读课文，预习反馈，学习生字新词

课前谈话：

听说我们班同学的学习能力特别强，所以这节课我们就来充分展示一下自己学习语文的本领，利用红黄蓝学习小助手，自己来闯"语文学习关"好不好？做胜利手势，大喊"耶——"

一、导入新课，初读课文

1. 这节课我们要学习的课文是《数星星的孩子》，齐读课题。指名读。齐读。

注意"星、的、子"的轻声，"星"后鼻音。

2. 课前大家都预习过课文吗？那么我们先来闯预习关，看看在我们一起学习之前，小朋友们是不是已经会自己学习啦！

二、出示闯关单，学习生字词，整体感知课文

1. 请小朋友们拿出红色学习单。我们一起按要求完成，同时还要比一比，谁闯关的速度快哦！

2. 教师巡视，随机指导，找出典型，准备反馈。

3. 反馈"生字新词我认识"。

（1）看反馈单上的情况，全对的举手。有错的，说说读错的是哪几个词，集体提示交流，朗读。

（2）开火车一人读一组词。随机提示读音重难点。

（3）交流难记生字。

教学重点："衡"可以怎么记？（出示生字卡片"衡"）

"衡"是左中右结构，看着有点复杂，但它也是个形声字呢！在古代，是指绑在牛角上的横木。所以当中的这个字就是"角、大"，是这个字的形旁，两边合起来的"行"是它的声旁。

4. 反馈"课文大意我知道"。

(1)张衡——随机引导学生复习司马光和曹冲的故事。

(2)天文学家——随机引导理解词意,并迁移理解"植物学家、动物学家"。

(3)这些内容哪一段告诉了我们答案?请小朋友们把语文书翻到第133页。

5. 学生读课文最后一段。(指名读、齐读)

读后,教师随机引导学生理解课文1~4自然段描写的就是张衡小时候数星星的故事。

三、总结表扬

真会读书!生字新词与课文大意老师不教你们自己也都学会了呢!小朋友们真会学习!第一关顺利通过!做胜利手势,大喊一声"耶——"

第二板块

第二关——学会用不同方法读好课文,同时随课文识字

一、明确目标:"读"是方法

1. 看来你们真的可以自己去学习了呢!"读"是我们学习语文最好的方法。第二关,小朋友们就试着自己学会读书,好不好?课文有点长,这节课先来读课文的1~3自然段。(板书1~3)

2. 学生放声读一读课文1~3自然段,边读边想有什么好方法可以把这三段话读好?

3. 学生自由发言,大致总结为——正确、流利、有感情、有表情。

二、找到机关:为什么这么读?

1. 看看电脑小伙伴有什么好方法?——出示:想象、做动作、分角色

知道这三种方法的意思吗?可以分别用在哪些句子里呢?

2. 汇报交流，进行圈划。

（1）想象——第1段第1句（比喻句）为什么这句话要用想象呢？

指导理解句子把"什么比作什么"，学生跟着圈一圈、连一连词语。

教学预设：如果学生不理解"碧玉盘"是天空，就随机教学"撒"。如果理解正确，问"碧玉盘"为什么不是指"月亮"呢？随机教学"撒"。

对比理解：如果作者直接说星星很多、很美，有什么不同吗？

（2）做动作表演——第1段的2、3两句。为什么这句话要做动作表演呢？

指导学生圈出句子中的动词。

（3）分角色读——第2、3自然段。为什么这句话要分角色读呢？

指导理解张衡和奶奶对话中的联系，重点理解反问句和张衡观察的仔细。

三、朗读评价：我可以得几星？

1. 哇，真是会读书啊！每个句子藏着的奥秘都被你们找出来啦！那读书闯关肯定没问题，下面小朋友就赶紧拿出黄色闯关单，再好好读一读，练一练，给自己评一评。看谁是五星级的朗读高手，好吗？

2. 学生自主练习朗读，进行自我评价。预计时间5分钟。

3. 朗读展示

学生分别举手反馈自己的朗读星级评价，分别进行朗读展示。

（1）想象读。

闭眼感受美丽的星空，指导读出"撒"和星星的多。

（2）做动作表演读。

抓住"靠、仰"等词问顺序是否可以调换，引导学生感受动作的连贯性。

齐读表演，情境对话："一颗，两颗，三颗……100颗，还要数

吗？200颗，还数吗？300颗，继续吗？……为什么呢？"教师引导学生体会张衡对星星的浓厚兴趣和强烈的探索精神。

（3）分角色读对话。

同桌分角色读，关注是否将问答一一对应读清楚了。

情境对话：这位奶奶啊，听了小张衡的回答，你觉得自己孙子怎么样？……引导学生体会张衡善于观察、坚持探索的好品质。

（4）真棒！我们的小朋友不仅会读书，还会感受。读书关顺利通过，电脑老师有奖励哦！课件出示星空图和配乐，引导学生配乐集体朗读。

最后再做胜利手势，大喊一声"耶——"

第三板块

第三关——写好生字，复习巩固

一、出示闯关单，明确要求

1. 书读好啦，字如果还能写好，语文就真正学到位啦！请小朋友们拿出最后一位学习小助手——蓝色闯关单。

2. 写字关当中的第二小关是个跳跃关，表示如果你写的字达到了上面的三星要求，就可以直接跳过去，做第三小关啦！加油哦！

3. 所以我们先认真达成第一小关的三星要求。自己好好读题，观察，争取待会儿跳过第二小关哦！加油！

二、学生练习，反馈讲评

（1）学生练习，教师巡视，关注写字姿势，找出"数、珍"有问题的典型作业，准备讲评。

（2）进行作业讲评。

结构正确，一颗星。

关键笔画，写在横中线、竖中线上，一颗星。

笔画工整，一颗星。

过程中随机引导理解"王字旁"和"玉"的关系。

三、微课展示,再次书写反馈

1. 看来,"数"和"珍"这两个字可不好写呢!我们再请电脑小伙伴来帮帮忙吧!

微课展示"数""珍"的书写,学生仔细观察对比。

2. 学生再写,教师再展示与鼓励指导。

四、交流收获,学法传承

这节课闯关成功啦,真棒!耶——

1. 把自己闯过的三大关骄傲地摆出来吧!觉得自己怎么样?

2. 学生交流。引导学生自信地回答哪里特别棒,并相互补充学习体会与收获。

3. 我们班小朋友不仅会自己预习,自己读好书、写好字,还会自己总结复习,太棒啦!都能这样学语文,我们个个都是最棒的!耶——

下课!小朋友们真棒!

板书: 星星的孩子

张衡

预习　读书　写字

(贴出三大关的单子)

附件2
各学段作业单例选

第一学段：《雷雨》课堂练习单

《雷雨》课堂练习单

一、我会写。（写完同桌评一评）

我写的字做到了	我得到的星星 （选择一项打"√"）
正确：每一个笔画都写对了。	★　　（　　）
端正：还做到了横平竖直，很工整。	★★★　（　　）
漂亮：笔画有轻重，很好看。	★★★★★（　　）

二、我会背。（同桌相互背一背，评一评）

我背书做到了	我得到的星星 （选择一项打"√"）
可以看着填空题背出来	★　　（　　）
可以不看填空，自己背出来	★★★　（　　）
可以很熟练地背出来，而且很有感情	★★★★★（　　）

☆三、我会仿写。

还有哪些景物也告诉我们雷雨马上要来了呢？想一想，写一写吧！（不会写的字用拼音，如果能学着加点词，用上表示动作的词，那就更棒啦！）

要下雷雨了，

（满天的乌云），黑沉沉地压下来。

（树上的叶子）一动不动，（蝉）一声也不叫。

（一只蜘蛛）从网上垂下来，逃走了。

（闪电）越来越亮，（雷声）越来越响。

（　　）_____。

（　　）_____。

（　　）_____。

第二学段：《猫》练习单

《猫》预习实践单

课前预习时，认真完成以下练习：

1. 读一读下面的词语，特别难读的，可以注上拼音。

蹭　任凭　尽职　抓痒　开辟　淘气　遭殃　摔跤

无忧无虑　丰富多腔　变化多端　生气勃勃

2. 给带点的多音字，选择正确的读音，并打"√"。

的确　　　　　（de dí dì）

暖和　　　　　（hē hè huo）

解闷　　　　　（mēn mèn）

屏息凝视　　　（píng bǐng）

枝折花落　　　（zhé shé）

3. 课文生动地描写了成年大猫和满月小猫的性格特点，请找到两句概括它们性格特点的句子，并把句子摘抄下来。

大猫：_____

小猫：_____

_____

4. 根据上面摘抄的两句话，用"‖"把课文分成两段。

《猫》课堂作业单

1. 写话练习：

请根据第2、3段的内容，选择一个星级句式，选用文章中的词句，写出"猫"的古怪。

★★★猫的性格实在有些古怪。说它_____吧，的确是呀，要不怎么会呢？

可是，_____。

★★★★★猫的性格实在有些古怪。说它_____吧，它的确_____。

可是，_____。

2. 机动练习：（可课后完成）

请学着课文中的句子，选用下列词语，各写一句话。

任凭……也……

_____

非……不可……

_____

无论……也……

_____

第三学段:《珍珠鸟》《开国大典》练习单

《珍珠鸟》预习实践单

一、读一读,选择正确的读音打"√",不理解的词语划上横线,想一想意思。

垂蔓(màn wàn)　　葱茏(lóng róng)

雏儿(chú zhōu)　　瞅瞅(chǒu jiū)

眼睑(jiǎn liǎn)　　眸子(móu muó)

画框(kuàng kuāng)　　挨近(ái āi)

二、文中哪句话含义特别深刻,不容易理解,抄一抄,想一想。
_____
_____
_____

三、这是一只怎样的珍珠鸟?请用词语描述一下。可用文中词语,也可自己概括。
_____、_____、_____

四、读读找找"我"如何对待珍珠鸟的语句,你觉得"我"是个怎样的人?也用词语形容一下。

《珍珠鸟》课堂练习单

一、快速默读课文,找出相关句子,完成下列表格。

"我"	小珍珠鸟
第6自然段:决不掀开叶片往里看	更小的脑袋从叶间(　　)出来
第9自然段:不管它	打开窗子,也决不(　　)
第10自然段:不去伤害它	一点点(　　),然后(　　)到我的杯子上,(　　)下头来(　　),再(　　)过脸(　　)我的反应
第11自然段:不动声色地写	完全放心了,"嗒嗒"(　　)着我颤动的笔尖
第13自然段:手中的笔不觉停了	(　　)在我的肩头(　　)

二、快速默读两篇材料,对比课文,思考发现。

阅读材料(一)

　　小猫满月的时候更可爱,腿脚还不稳,可是已经学会淘气。一根鸡毛,一个线团,都是它的好玩具,要个没完没了。一玩起来,它不知要摔多少跟头,但是跌倒了马上起来,再跑再跌。它的头撞在门上、桌腿上,撞疼了也不哭。它们的胆子越来越大,逐渐开辟新的游戏场所。它到院子里来了,院中的花草可遭了殃。它在花盆里摔跤,抱着花枝打秋千,所到之处,枝折花落。你见了,绝不会责打它,它是那么生机勃勃,天真可爱!

——老舍《猫》

阅读材料(二)

　　一转眼,儿子开始学走路了,不用我们费心,它自觉担当起教儿子学走路的角色。它弓起脖子,高度正好在儿子的小手摸得到的地方,像个活动扶手,随着儿子的行走速度,慢慢朝前蠕动;儿子

> 走累了，随时可以伏在它脖子上休息，这时候，它便一动不动，像一条结实的栏杆。小孩子学走路，免不了会跌倒，它似乎特别留心注意少让儿子摔跤。每当儿子踉踉跄跄要倒要倒时，它就会吱溜贴着地面窜过去，头很巧妙地往上一举，扶稳儿子；即使儿子仍摔倒了，它也像柔软的毡子，垫在儿子的身体底下，不让儿子摔疼。
>
> ——沈石溪《保姆蟒》

《开国大典》课堂练习单

一、阅读资料

这一时刻轰鸣的礼炮响彻天安门广场的上空，这一时刻轰鸣的礼炮响彻长城内外，大江南北。每一响礼炮都是英雄的中华儿女，在毛主席的带领下，走过的坚实的脚步声。

1921年，毛泽东出席中国共产党第一次全国代表大会，中国共产党成立。

1927年，毛泽东领导秋收起义，在井冈山建立第一个农村革命根据地。

1934年，毛泽东带领红军长征，爬雪山，过草地，行程二万五千里。

1945年，毛泽东领导八路军，经过艰苦的八年抗日战争，迫使日本投降。

1949年，毛泽东率领人民解放军，推翻了国民党反动派，升起第一面五星红旗。

整整28响礼炮，整整28年的艰苦斗争，中国人民在毛泽东的带领下取得了伟大的胜利。没有毛主席，就没有新中国！

二、练习写话

选择下列其中一个练习，**模仿课文反复用词的手法**，结合阅读资料，联系课文内容，写下你对**毛主席**或**开国大典**的特别印象与感受。

选择练习一

提示：写话时可选择用上以下有微妙变化的一组组词。能用自己想出的类似词语更好！

带领　　战斗　　开辟

领导　　奋斗　　开创

这伟大的领袖，这受人爱戴的主席，_____
_____。

这伟大的领袖，这受人爱戴的主席，_____
_____。

选择练习二

提示：可先选择左边的词模仿课文中的反复，再试着选择右边的词表现出微妙变化。觉得困难，可以只选择左边的词来写哦。

| 不断地……不断地…… | 鼓掌　肃立　欢喜 |
| 一齐……一齐…… | 欢呼　肃静　激动 |

拓展阅读《茶杯与茶壶》课堂作业单

《茶杯与茶壶》练习单

一、预习实践练习

（一）必做题

1. 我能读通课文，读准字词并且理解意思。

逊于 嗜好

一沓宣纸 一脉茶水

千里迢迢 品茗饮茶 寥寥数笔

2. 我能概括课文内容，并且还可以用上第一题的词语。

一个年轻人因为没有找到能令他满意的丹青老师，（　　　　）来到法门寺向住持释圆请教。释圆借说自己的嗜好是（　　　　），让年轻人画茶壶与茶杯。年轻人（　　　　）便完成了画——壶嘴正往茶杯里注入（　　　　）。释圆却不满意，并告知原因。

3. 读完课文，我知道这个故事主要描写了人物的＿＿＿＿＿＿。

（二）选做题

我能用两三个词语形容年轻人与住持释圆的性格特点，要写出不同的方面。

年 轻 人：＿＿＿＿＿＿＿＿＿＿＿＿＿＿＿＿

住持释圆：＿＿＿＿＿＿＿＿＿＿＿＿＿＿＿＿

二、课堂练习

当满怀失望的年轻人说自己一心一意要学丹青却没有找到一个令自己满意的老师时，住持释圆笑笑，心里想：＿＿＿＿＿＿＿＿＿＿。

当年轻人深深叹了口气，说许多人都是徒有虚名，画技甚至不如他时，住持释圆淡淡一笑，心里想：＿＿＿＿＿＿＿＿＿＿。

当年轻人寥寥数笔便画出了栩栩如生的茶杯与茶壶，问释圆是否满意时，释圆微微一笑，摇了摇头，心里想：＿＿＿＿＿＿＿＿＿＿＿＿＿＿。

当年轻人说释圆糊涂，应该茶杯在下茶壶在上时，释圆又微微一笑，心里想：＿＿＿＿＿＿＿＿＿＿＿＿＿＿＿＿＿＿＿＿。

第四辑

有章可循：让课堂留白不白留

·留白课堂倡导课堂中必须有显性的留白时间与留白空间，这并非是一种形式主义的口号，也不是课堂中的装饰点缀，更不是教学技能的"花拳绣腿"。它立足新课程改革，以理性的态度来直面当前小学语文课堂教学的改革，让教师能够蹲下身子，做到心中有学生，努力绽放学生的七彩光芒，努力培养学生自主学习的能力，帮助学生在自主的学习过程中获得知识、探索真理。

·为了让"'留白'不白留"，教师要始终将学生放于教学的中心，将语文课堂教学方式的变革作为重点，努力尝试摸索、反思提炼、实践验证。经过多年的实践与研究，我们终于形成了以上四个一、六大类、时段调控、多元方式等操作性强并具有实效的小学语文留白课堂操作范式，以激励和促进儿童语文关键能力与核心素养的自主生长，让儿童绽放生命中那自由又灿烂的光芒。

第一节

四个一：明确课堂"留白"的操作要素

课堂留白，要求语文教师在教学设计时，明确"留白"的目标、时间、过程与展示等要素，于课堂中充分体现留白操作的"四个一"，不断促成学生的自主练习与提升、自我肯定与成长。

一、减一减

"减一减"是"留白"的前提，要求语文教师在课堂上减去自己"一堂讲"和学生"被动答"等无意义的教学活动，为学生的自主习得省出时间。

（一）"减"少教，"增"加学，促进有效学习

"减"对立面是"增"，有减就必然意味着有增。其一，减少教师琐碎无用的语言干扰，增加学生有效的信息交流；其二，减少教师强势的课堂把控，增加学生的主动思考；其三，减少教师低效的活动组织，增加学生的自主活动。

以六年级下册《藏戏》一课的课堂导入环节为例，第一次教师尝试配合美丽的风光图片这样娓娓道来："我国的西藏，有广袤无边的天然牧场，高耸入云的高原雪峰，风韵多彩的冰川风光，充满灵性的神山圣湖，美不胜收的服饰民居，至今谜团未解的王朝遗址，为朝圣

者祈福的经幡和玛尼堆,充满象征意义的寺庙建筑、壁画和藏族神佛……我们的西藏人民诚挚宽厚,他们快乐祥和地生活在这样一片自然条件恶劣却又神秘美丽、令人敬畏的土地上,以自己的智慧、勇敢与执着,铸就着自己的民族精神与魅力,铸就着自己深邃神奇的高原文化。今天,就让我们带着一份对这个神秘世界的向往,带着一份对藏民族的尊重,来领略被称为'藏文化活化石'、已有600多年历史的藏戏的独特魅力吧。"一节课上下来发现:神秘的西藏、美丽的描述完全吸引了学生,可却也因此分散了学生大部分的注意力,使之无法走进课文所描写的藏戏。于是第二次该教师将导语改为"今天我们要一起学习的课文,是广泛流传于青藏高原,藏民族的传统剧种——藏戏。说说读过课文后你的最初感受吧。"这样简简单单地入题,孩子们轻松地走进课文,课堂思路顺畅、感情真实、舒爽自然。因此,减去教师烦琐的无意义的教学语言与活动组织,对学生的自主学习少一些干扰,对学生的学习时间多一份保障,防止出现"一鸟入林,百鸟压声"的被动学习,让学生有更多时间展开语文实践,有更广阔的思维自主建构知识,习得能力。

(二)删繁就简,努力一课一得,重点突出

语文课堂如若要成功留白,教师必须做到不贪多求全,不急功近利,不会只重眼前的对错与分数,不会只求足够的数量与内容。教师在授课之前,首先要清楚想让孩子习得的到底是什么,然后从知识与能力、过程与方法以及情感与态度等三个维度,制定科学合理的教学目标,确定教学重难点,于授课之时有的放矢,让孩子们重点习得目标所指向的关键知识与能力,抓大放小,做到"一课一得"。

这听起来简单,要做到却并不容易。"数学清清楚楚一条线,语文模模糊糊一大片"的现象常被提及。语文教师总是容易被精深的祖国文化牵引,以碎片化的问答和理想化的情感需求,替代学生的学习需求与语文实践。就以教学《女娲补天》这一神话故事为例,初次备课

老师想要的很多：中国的传统文化、女娲的伟大形象、神话的文体特点、学生的想象能力、语言的积累运用等等。区区40分钟，10岁不到的孩子能接受这么多吗？这么多的目标，又该怎么分配于各环节之中呢？什么是这节课最应该讲的且不能不给孩子的呢？……就在教师的迟疑不决与踌躇满志之中，课堂显得亮点多多又不明就里，贪多求全，一片模糊。那么，该去掉哪些呢？一课时的思路肯定是不可取的。补天的艰难最能突显人物形象和神话特点，那就应毫无异议地将重点锁定于此，舍弃引入部分与对灾难的感受，再舍去字词复习与古文的对照，让学生可以有时间充分体验补天过程的艰辛，好好抓住重点词句展开想象，进行故事的复述，感悟并内化文本语言，充分实践，有效提升。这样修改之后的留白课堂，学习效果得以明显提升。

　　一篇好文章，要详略得当，重点突出；一堂好课，也必然如此。每一堂的目标与教学，都应该根据学段目标要求、学生特点、文本特色、编者意图及学生的学习需求等方面有所侧重，有所取舍。我们应该坚持并做到的是，让孩子们"一课一得，得得相连"。这样，孩子们语文的关键能力与核心素养就必定会有长远的发展。

二、换一换

　　"换一换"是"留白"的关键，要求教师换掉以自己为主导的教学方式，充分体现学生的主体地位，以生为本，顺学而导。

（一）板块设计，倡导先学后教

　　留白课堂反对环环相扣、以教师的"教"为主线的设计，倡导板块式教学，致力于把学生的学放在首位，为学生的学进行活动设计；以学生的学情主导课堂教学，为学生的独立学习留足时间。下面以五年级下册《彩色的非洲》板块式教学为例，呈现课堂"留白"常见的教学模式。

第一板块：预习反馈与整体感知

1. 小组合作，分享预习成果，交流讨论，补充修改课前预习单内容。（7分钟左右）

2. 根据学生学习汇报，确定讨论教学重难点，引导学生抓住课文过渡句中的关键词，理清课文脉络。（8分钟左右）

第二板块：品读聚焦与写法感悟

1. 学生自学课文第四自然段，思考：非洲植物世界的色彩斑斓表现在哪些景物之中？圈出景物，想象画面。（3分钟左右）

2. 学生汇报交流，感情朗读，比较发现"层层推进"的写法。（"常见—特有"）（8分钟左右）

第三板块：迁移阅读与写法探究

1. 小组合作学习课文其他语段，概括每段主要景物，填写表格。（5分钟左右）

2. 交流讨论，比较发现"层层推进"的写法，感受彩色从"凝固—飞翔"、"外表—内心"的变化，发现课文整体结构层层推进的写法，并进行课外阅读链接与阅读练习。（9分钟左右）

课堂留白，倡导每个教学板块都先由学生进行自主学习，教师再顺学而导。《彩色的非洲》的每一个板块都是以学为先，学生进行自主学习的时间共计不少于15分钟，而后汇报交流的环节大部分时间也属于学生：学生代表进行汇报，其他学生提出各自不同的看法，教师顺势点拨引导，提升学生对篇章结构与文本内涵的认识。不可否认，只有学生展开了充分自主又相互合作的学，教师才能于其中发现主要问题，确定讨论的教学重难点，抓住解决问题的典型范例，因势利导，因材施教，有效达成教学目标，促进儿童全面发展。

这样的语文课堂，可谓都是学生说了算，是学生自己真真正正地阅读、思考与习得。这样的语文课堂，才是真课堂，才会真学习，才有真成长。

（二）小组合作，确保人人参与

有效的小组合作学习，是课堂留白环节保证学生人人参与，并主动学习的重要组织形式。《彩色的非洲》一课的板块式教学，课堂伊始就打破教学常态，让学生合作分享，相互学习交流。教师明确合作学习的内容与要求，依托预习作业单（见下表），让学生以课前的自主习得与学习准备为基础，使课堂的学习有了良好的开端；而且学生人人有事做，知道怎么做，让合作不流于形式。教师在巡视过程中，参与学习讨论，全面了解学情，根据教学重难点及时调整自己的教学预案，并对学生的预习单作业及汇报交流进行随机指导。这样的留白，让教师的教既整体观照又有的放矢，让学生的学既充分自主又有章可循。

《彩色的非洲》预习作业单

1. 正确、流利地朗读课文，难读的词句多读几次。不明白的地方，可借助工具书或查阅资料自己解决，也可提出问题，交流讨论。

2. 照样子，摘抄文中描写色彩的词语，想想有什么发现。

赤_____

紫的_____

蔚蓝_____

蓝底白花_____

_____

五颜六色_____

3. 课文中哪些语句描写得特别生动精彩，做上记号，并好好读一读，想一想好在哪里？

4. 根据学习提示的要求，默读课文，思考："非洲真是一个色彩斑斓的世界"都表现在哪些方面？可**摘录文中的词语来概括**。

再如最后一个板块的教学，教师引导学生选择一个语段，默读圈出景物之后，再次组织学生通过四人小组合作学习填写表格（见下表），思考自己的发现。

课文内容		具体景物
自然景观	植物世界	野花　树花　花树
	动物世界	大都会看到的——非洲蝴蝶（工艺品——蝴蝶世界）
日常生活		服装——餐饮——住房——卡里布宾馆
艺　　术		绘画——工艺品——音乐舞蹈——篝火晚会

在此过程中，教师在学生充分地学习、思考、讨论的基础上，重点抓住"彩色的非洲"从"凝固"到"飞翔"、从"外表"到"内心"推进的语段，引领学生细读感悟、对比思考、观察插图，和学生展开情境对话，逐步化解难点，加深学生对文本的理解，有效丰盈其对"彩色"的体悟。语文能力的习得需要大量的语文实践，此处再运用小组合作学习，再次保障了学生自主地学习与充分地实践，让教师的教切实地为学生的学服务。

（三）联系生活，激励自主实践

留白课堂，致力于充分展现学生的学习能力，要求教师给予学生更为广阔的学习空间。

课前预习作为一种不可或缺的能力，我们教师要充分重视，并适时、适当地进行指导。再以《彩色的非洲》一课为例，此文很长，"彩色"的精妙词句比比皆是，文本特色非常明显，是进行语言积累的优秀范本；但这对于五年级下学期的孩子来说并非难事，也非教学重难点。因此将它作为学生自主习得的任务，既可引领学生进行积累，感悟文本最明显的特色；又可激励学生自主学习，化解学习任务，让学生感受语文学习的乐趣。于是教师引导学生于预习时自主分类摘抄描

写颜色的词语；于课前谈话中以远景的广角镜照片与近景的特写照片的欣赏来引入课堂，为学生理解文本"层层推进"的写法做了生活的铺垫，让语文教学建立起与生活的联系，化难为易，更多情趣。

再来看该课的最后一个教学环节的实录片段——

师：请同学们看一看板书，谁能用自己的话，用上板书中的词，说一说彩色的非洲。

教师和学生一起整理，并在黑板上画上大括号。

板书：

常见→特有	色彩斑斓→多姿多彩	自然景观
凝固→飞翔	彩色的非洲	日常生活
外表→内心	层层推进	艺　术

生：这就是彩色的非洲，它的自然景观、日常生活和艺术无一不是色彩斑斓的。非洲的彩色，不仅有我们常见的，还有其特有的；不仅有凝固的，也有飞翔的；不仅表现在非洲人民的外表，更根植于他们的内心。作者在每个部分就这样一层一层地推进，最后又一次发出赞叹——啊，非洲，好一个多姿多彩的世界！

师：作者只是在语段中"层层推进"吗？看看文章的大结构，你又有什么发现？

生：文章的整体结构也是层层推进的，先是自然景观，再是日常生活，最后才写到艺术。

师：为什么按这样的顺序才是层层推进呢？他们的顺序可以换吗？

生：我觉得不可以。自然景观一眼就可以看到，日常生活需要我们走近才会了解，而艺术就需要我们去细细品味与感受。

师：你一定是个会读书又会生活的孩子。这板书就是我们今天学习的一个缩影，是文章的大结构图，也可以说是作者写作的提纲。对我们的学习很有帮助,拿起笔,在题目的四周,照样子抄一抄,记一记吧!

师:五年级的同学要学会做笔记,笔记是做给自己看的,不同于日常的作业,最重要的是清晰、正确和速度。

学生认真摘抄板书,学习做笔记。

师:同学们,还记得课前老师说学语文就和旅游、摄影差不多吗?现在觉得有没有道理?

生:我觉得很有道理,今天的课文真的就像电影的镜头一样,带着我们一步更进一步地看,很有意思!

师:是啊,同学们,生活中处处有语文,今天我们用摄影建起了生活和语文的桥梁,这样的桥梁还有很多很多,因为语文就是生活,生活就是语文。

这样,在课堂即将结束之前,教师引领学生梳理板书,回顾课文内容,在明白"写什么"的基础上进一步思考"怎么写",发现文章各个部分之间也是层层推进的;再以"它们的顺序能换吗?"这一问题,让学生联系生活思考发现其中的精妙;接着让学生摘抄板书,学做笔记,帮助养成良好的学习习惯;最后回应课前导入的谈话内容,引导学生发现语文与生活的密切联系,从而启发学生学会运用更多生活中的学习法宝,让自己在生活的大舞台上更好地历练与成长。

三、等一等

"等一等"是"留白"的保障,要求教师给予学生充分的耐心与期待,在学生遇到难题、需要思考等时候,留出片刻的"白",微笑着"等一等",不断激励其学习的自信。

(一)"等"渗透于每一个环节

"等一等"体现的是课堂教学中下限目标的有效达成,要求贯穿

课堂始终，渗透于每一个教学环节。学生是课堂学习的主人，只有让他们充分地学，才能有效地建构知识、发展能力。教师和同伴耐心地"等"，就是让其充分地学的有力保障。

课堂伊始，不管是复习引入、新课导入还是预习检查，都不应该是教师的"一言堂"，而应让学生充分地交流、互动起来，同伴合作学习。教师则要倾听巡视，等待每一个孩子都基本完成任务，全面掌握学情，根据目标确定重难点，进行有针对的指导，并适当调整下一步的教学计划。

对于重点语段的学习，教师要摒弃以肢解文本内容来进行"一问一答"的教学方式，采用板块式教学，为学生设计好学习任务，和学生一起明确学习内容、学习时间和学习方式。在此过程中，教师没有急躁的催促，只有共同的参与和温馨的提示。哪怕学生不能在规定的时间内完成，只要不是刻意拖沓造成的，教师都应给予理解与等待，并鼓励其继续完成，确保其学习的充分性与完整性。

到了作业练习、复习整理、课外拓展等环节，教师则不应以"整齐划一"来要求学生。不同的学生其作业速度、对于知识的掌握程度、能力的发展程度、课外拓展延伸的兴趣点都不尽相同，教师都应予以充分的尊重与微笑的期许，以让每一个孩子都能从容自信地达成学习目标。

第四章中教师在教学《数星星的孩子》一课时，就以三张作业单来引领学生进行了上述三个教学板块的学习，每一个环节都张弛有度地徐徐推进，让学生学得自主，学得充分。"大家都完成了吗？只要有一个同学没有完成，我们就再等一等。"——这样的话常现于著名特级教师蒋军晶等老师的课堂上。可以说几乎每一个被认可的好老师和名师，他们的课堂一定是从容有气度、耐心有温度的。

（二）"等"成就了每一个孩子

"等一等"的留白课堂，需要的是教师长远的期盼和即时的守望。看似耗时，实则并不然。课堂留白，不提倡"环环相扣、步步为营"的教学方式，"疲于追赶"的课堂会让学生失了学习的热情与动力，"乖乖听话"会让学生没有了自我的思想与灵活的创意。

"等一等"学力薄弱的学生，可以减轻他们学习的困难和压力，让等待成为一种温柔的激励，督促其尽快调整自己的步调，跟上大家学习的步伐；"等一等"学习处于中游的孩子，可以让他们找到学习的自信与前进的目标，让等待为其留出进一步发展的可能，鼓励其力争上游；"等一等"学有余力的孩子，可以张扬他们的个性与特长，让等待为他们创设广阔的探索时空，激发无限可能……这样的"等"，不仅需要教师的智慧、鼓励、信任与耐心，还需要学生的合作、自主、自律和涵养。

课堂上，教师要善于关注处于不同学习程度的学生，引导其找到自己不同的发展点，并认真地完成好。在"等一等"的留白初期，不可避免地会出现教师"手忙脚乱""顾此失彼"、学生"散漫无主""不知所措"等现象，但只要教师和学生一起明确目标，及时反馈鼓励，并辅以一定的奖励机制，比如奖励作业速度提高、完成任务后能自行查漏补缺或安静阅读的学生，不断树立榜样，激励学生认真投入学习，不再让同伴等待，同时懂得有效利用等待同伴的时间做对自己学习有帮助的事情，让自己能够在"等一等"中再进一步。

坚持进行课堂留白的老师们，都可以惊喜地发现班级每一个孩子的进步与成长，他们的自主学习意识、语文实践能力、语文综合素养都会明显优于常态的班级。杭州濮家小学教育集团的语文老师们，更是用学生优异的表现与突出的能力，向家长交出了一份满意的答卷。这样的"等"，花费的是时间，收获的却是自强与自信；付出的是耐心，得到的却是发展与成长。

四、秀一秀

"秀一秀"是"留白"的终极目标，要求教师引领学生于"留白"时间，用心习得知识，快乐锻炼能力，大胆展示才情。它体现的是学习自信的建立与语文能力的养成。

（一）以"秀"为手段，丰富形式，丰盈内涵

留白课堂，倡导教师以学生"秀一秀"的展示作为教学手段，丰富留白的组织形式，让学生的学更为有趣且有效；丰盈留白的学习内涵，让学生的学更为多元且开放。

例如教学六年级下册的《藏戏》一课时，教师出示藏族人民观看藏戏时的现场照片，让学生猜一猜舞台背景中的人物——唐东杰布，引出课文中关于藏戏形成的描写，并以此创设情境让学生当一当藏戏表演的"雄谢巴"（即主持人），来讲述藏戏的由来，进行课文内容的复述。学生们兴趣盎然地各自准备好后，自告奋勇地上台进行了展示，过程中，教师随机引导利用"那时候……于是……就这样……"等连接词讲清事情的起因、经过和结果。同时，教师再进一步要求"雄谢巴"们辅以到位的表情和动作，抓住文中的关键词句，让自己的讲述更加绘声绘色，让复述不再枯燥无味。"雄谢巴"们有的热情开朗，讲述得流畅自如、眉飞色舞；有的彬彬有礼，讲得字字清晰、声声入耳；有的深情款款，对唐东杰布敬佩之情溢于言表。课文的复述在"秀一秀"中变得格外生动且有生气。

类似这样的"秀"，语文的留白课堂上还有很多很多，为了让学生更好地"秀"出来，教师还以个别交流、小组合作、团队展示、室外活动等形式，开展朗诵会、辩论赛、课本剧表演、读书会等活动，引领学生展示所学知识，展现语文能力，展露个性才华。

（二）以"秀"为目标，激励自主，促进发展

留白课堂，还要求教师以"秀"为目标，激励学生充分自主习得，有效促进其语文能力与核心素养的发展。

好好地"秀一秀"应该成为每一个学生的努力目标。它将吸引着学生热情地投入语文的实践活动之中。比如语文教师常常会以评比"小朗诵家"来进行朗读比赛，激励学生达成有感情朗读的目标；以评选"小书法家"来组织写字比赛，引导学生认真地书写，帮助达成写字的目标。这样的"秀"既可以展示学生的学习成果，又可以增强学生学习的主动性与自信心。每次有机会展示并得到大家夸赞的孩子，总是神采奕奕，更为兴致勃勃地投入学习。

再如教师教学略读课文《汤姆·索亚历险记》时，要求学生进行小组合作学习，以书面学习单的形式呈现对于文本的特殊发现与独特感受，并分别上台汇报展示。任务一落实，目标一明确，学生便三五成群地全情投入其中了。20分钟后，教师进一步提出了要求：前后小组汇报要懂得随机调整，做到有个性不重复、有重点不啰唆。汇报开始，每个小组所呈现的学习单（如图4—1所示）内容不一，感受各异，视角不同，各有所得。有的以线路图阐述汤姆·索亚历险的经过，让大家一目了然地掌握故事梗概；有的图文结合，画出最具标志性的墓地，突出汤姆·索亚的勇敢与正义；有的分项罗列，梳理梗概与精彩片段的小标题，分别列出主要人物的性格特点；还有的将不同语段进行对比，抓住汤姆所喜欢的和不喜欢的，来证明他无拘无束、爱冒险的性格特征……

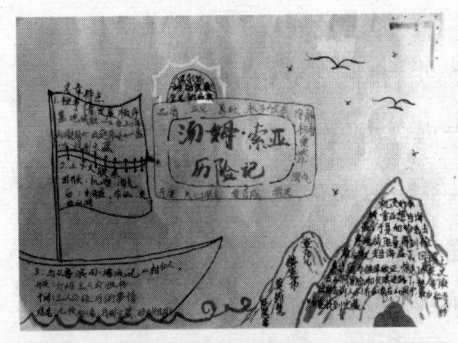
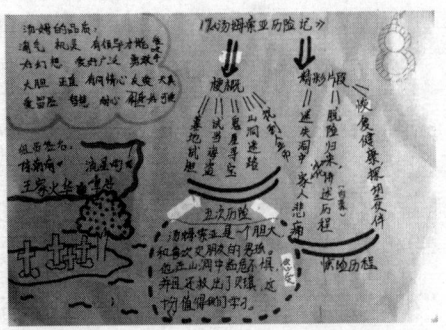
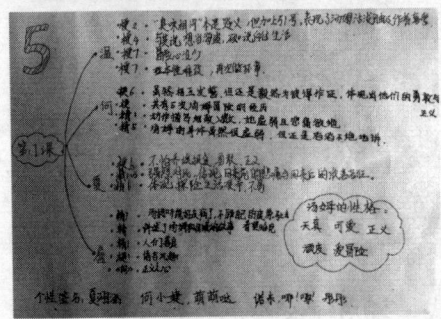
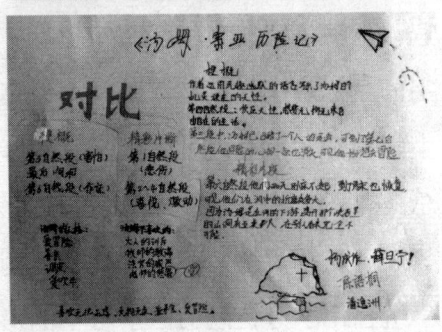

图 4-1 《汤姆·索亚历险记》学生制作的学习单

这样的课堂，几乎整节课都成了学生的秀场，前 20 分钟是他们以完成学习单为目标进行合作学习，后 20 分钟为展示学习单进行集体交流。课堂上，学生努力将自己课外的阅读、习得的能力、生成的思想一一展现，其所得已经远远超出了目标的设定。每一节课上，学生可"秀"的实在太多，教师如能经常性地让学生"秀一秀"，课程的知识会随之无形地内化，关键的能力会随之自然地习得，学习的情感也将随之不断升华。"秀一秀"既可以是课中的 5 至 10 分钟甚至更长时间，也可以是学习后的整节课，形式不拘，随需随来。"秀一秀"既展示了学生的能力，又培养了能力，它让语文课堂成了学生展示个性与才情的缤纷舞台。

第二节

六大类：丰富课堂留白的内容类型

语文课堂中的留白不仅仅是一种艺术，也是一门科学，要求教师根据不同的教学内容，为学生留出想象、参与、再创造的时间与空间。根据其内容类型，课堂留白主要分为以下六类：

一、拓展类留白

拓展类留白指的是在学生达到一定的学习基础时，教师再引导学生开拓自己的思维，结合自己的需要，进行拓展性的自主学习。其重在引导学生进行阅读方法的举一反三、课内外的阅读链接、阅读能力的延伸与锤炼。

格式塔心理学派"完形压强"理论认为，当人们在观看一个不完整，即有"缺陷"或"空白"的形状时，会在知觉中情不自禁地产生一种紧张的"内驱力"，并促使大脑积极兴奋地活动，去填补和完善那些"缺陷"和"空白"，使之趋向完美，构建成一个"完形整体"，从而达到内心的平衡，获得感受的愉悦。拓展类"留白"正是抓住学生这一心理，在拥有一定的学习基础后，引导学生开拓思维，进行自主性学习。

例如执教五年级下册的略读课文《珍珠鸟》时，教师积极关注学生的学习状态，通过预习作业单分享自己学习字词的成果，思考文章的重点句"信赖，往往创造美好的境界"，又借助整体感知，初谈自己对珍珠鸟与"我"的初步印象。然后，带领孩子们展开对课文重点语段的学习，一读"我"的不同之处，感受不一样的爱鸟之情；二读"鸟"的特别之处，交流梳理别样的读书收获；三读"信赖"的"美好境界"，批注重点语段的"亲近"情意。通过一步一步扎实有效的学

习,学生对文本有了深刻的理解,在此基础上,教师适时抓住机会,留下几分钟的留白课堂学习时空,引导学生根据自己的需要自主学习,拓展"美好"。孩子们以自己独特的方式来感受珍珠鸟与"我"之间那段美好的感情,有的大声朗读甚至背诵自己认为本课中最精彩的段落,有的用自己清秀而充满感情的字迹写下自己最喜欢的语句,有的还进行课外拓展阅读,读起了其他作家的作品……在最后的汇报交流中,孩子们津津有味地分享着自己独特的学习成果,答案精彩纷呈,在教师热情又中肯的评价中回味着学习的快乐。课虽终了,却余音绕梁,在每个人的心中都留下了深深的念想,这便是拓展类"留白"的无限魅力。

拓展类留白呼唤语文教师创造性地使用教材,积极开发、合理利用课程资源,有意识地以课文为基础,进行适当的阅读链接,以一带多,让学生进行多篇文本的比较阅读等拓展性阅读。教师要尝试运用多种留白形式对学生的课外阅读进行引导启发,开发每个学生的阅读潜能。低年段教师可以利用课前5分钟让孩子们讲故事,适时推荐浅显易懂的拼音读物,定期开展"故事大王"活动,提高学生的语言表达能力,增强学生课外阅读的兴趣。中高年段教师可以依据课文单元主题,或结合德育部门"迎国庆"等节日活动,让班级、年级乃至全校,进行某一主题大阅读,开展读书活动,进行成果交流,组织阅读竞赛,让课堂的留白延伸向课外的阅读实践乃至生活实践,让语文课程因此更具广度,更显温情。

二、质疑类留白

质疑类留白指的是把提问的权利留给学生,让学生带着问题意识来学习,主动提出问题,梳理并思考问题,并尝试运用多种方式来解决问题。其重在对学生质疑问难与自读自悟能力的培养。

学贵有疑，质疑类留白就是充分调动学生已有的学习经验，与新的知识产生认知的冲突，从而激发学生求知的欲望。课堂上教师要把提问的权利留给学生，让学生带着问题意识来学习，主动提出问题，同时又凭着自读自悟的能力去思考问题、解决问题。在这一过程中，教师必须抓住重点词句及段落，以点带面，找准教学的关键点、疑难点、模糊点、空白点、迁移点、兴趣点等要点切入，启发思维，引导学生质疑，读思结合，让学生在一次次探究欲望的激发下主动学习，自读自悟。

下面请看《和时间赛跑》一课质疑留白的教学片段——

（一）自主围绕课题质疑

师：同学们，看到课题你有什么问题吗？

生：为什么要和时间赛跑？（师随机板书：为什么？）

生：怎样和时间赛跑？（师随机板书：怎样？）

生：赛跑的结果如何？（师随机板书：结果如何？）

生：时间看不见，摸不着，人怎么能和它赛跑呢？

师：是啊，时间看不见，摸不着，人怎么能和时间赛跑呢？我们赶快去课文中找一找答案吧！

学生自主阅读课文，思考问题，寻找答案。

（二）解决问题进行整体感知

学生分别根据板书回答问题，教师提示根据问题答案概括文章的主要内容。

生：老师，我发现只要解决了关于课题的这几个问题，文章主要写什么，也就清楚了。

师：你的发现真了不起！看来对课题提问，很重要。题目就是能看懂一篇课文的眼睛。

（三）品读句子感受时间的特点

师：课文哪些句子是写时间的呢？

　　学生小组合作找出相关语句，讨论交流，理解感受"所有时间里的事物，都永远不会回来了"。

　　师：同学们真会读书，读出了这么多的时间。其实，时间也就藏在我们身边的事物里。现在你还觉得时间是看不见、摸不着的吗？

（四）回归问题诵读积累

　　师：看来，我们是可以和时间比赛的。那么，作者都和哪些时间里的事物赛跑，和时间赛跑的他又有什么变化呢？

　　学生自主读第8自然段，拿笔圈出时间里的事物，朗读感受作者的变化，并尝试对课文进行积累背诵。

　　师：有什么好办法帮助我们背诵吗？

　　生：老师，我发现，这段话也可以用板书上的几个问题来背诵。第一句写的是"我为什么要和太阳比赛？"（因为要比太阳更快地回家。）第二句写"怎样比赛？"（狂奔回去，站在庭院里喘气的时候，太阳还……）第三句写"结果如何？"（跑赢了太阳。）

　　师：真是能干！看来这三个问题，就可以构成一件完整的事情。以后我们写一件事，也要把这三个问题写清楚啊！

　　在教学过程中，教师引导学生紧扣文本课题，提出可以概括全文的"为什么？怎么样？结果如何？"等有价值的问题，再借助质疑启发学生进行积极的思考，释疑解惑，去发现文本的秘妙。随后，教师抓住学生阅读过程中似懂非懂的问题，再次调动学生的阅读热情，自主研读描写时间的句子，感受时间中的事物。而后在学生学习第8自然段时学以致用，举一反三，发现了这三个问题构成事件起因、经过、结果的规律。这样的质疑留白，使学生在问题情境中，自己拿着钥匙开门，促使学生自主地去探索，在解疑与发现中体会到语文学习的快乐和满足。

三、认知生成类留白

认知生成类留白指的是保障学生主动建构、动态生成的学习过程，让学生对所学的内容进行自主探究、整理，形成自我的认知。其重在引导学生静静阅读、自主思考与进行个性化解读。

语文课堂想要保障学生进行自主建构的学习过程，教师设计问题时就要进行充分的留白，不要以教师的感受去统领学生的思维，让其去演绎统一的思想；而要更多地采用归纳式的教学方法，设计开放式的问题，引导学生自主阅读，进行个性化的思考。

以二年级下册《雷雨》描写"雷雨前"景色的语句教学为例——

"满天的乌云，黑沉沉地压下来。树上的叶子一动不动，蝉一声也不叫。

忽然一阵大风，吹得树枝乱摆。一只蜘蛛从网上垂下来，逃走了。

闪电越来越亮，雷声越来越响。"

第一次试教，教师以"想一想哪些地方让你觉得很可怕？"作为教学的主问题，让学生读课文，找出觉得可怕的语句。学生找出了老师想要的句子，说出了"乌云、闪电、雷声、大风"等景物的可怕，很努力地尝试读出老师想要的可怕；会看老师脸色的孩子，跟着牵强地说着"叶子、蝉、蜘蛛"也很可怕；还有的孩子却对这种说法显得不知所措，在表演朗读时为了表现出可怕而变得缩手缩脚，完全没有了平日的可爱与鲜活。可见，当所有的声音都指向"可怕"，课堂不免也变得可怕了。

于是再教时，教师改以"作者看到了什么？哪些景物让你印象特别深？"来启发学生自主阅读。这个问题指向了景物描写，却没有限定学生的思维，而后的交流也就因此显得精彩而生动了。

生：黑沉沉的乌云真是让人害怕啊，压得我们都透不过气了。

生：一动不动的叶子和一声也不叫的蝉，肯定是被吓傻了吧，真有趣！

生：乱摆的树枝像在跳舞，又像是挥舞着手臂在喊救命。有一次快下雷雨时，我在窗口见到过。可惜就看了一会儿，妈妈就说下雷雨站窗边很危险，把我拉走了。

生：我觉得蜘蛛挺聪明的，而且它们动作很快呢。

生：老师，我觉得闪电和雷声真的很可怕啊，因为我有一次就被它们吓到过……

几乎每个孩子都找出了印象特别深的句子，尽情地表达着，认真地朗读着，投入地表演着，自然而然地将自己的真感受融入语言文字之中。因为有了这样个性化的体验与生活化的联系，文本语言也随之深入到每个孩子的心中，当教师以"按课文内容填空"的方式指导背诵时，孩子们再次结合生活经验，以"雷雨前景物变化的前后顺序"快速地将课文语言进行了积累与背诵。

这样的认知生成类留白，呼唤的是留出学生思考的空间，让学生有足够的空间去进行个性化的自主阅读。教师要设计具有思维广度的问题来进行启发式教学，让课堂不仅有教师想要的声音，还有儿童真实的想法，更有许多出其不意的惊喜与发现，能够显出生活的趣味和生命的活力。

四、信息交流类留白

信息交流类留白指的是在真实的任务情境中，以小组合作学习等形式留给学生自我表达、相互交流与讨论的时间与空间。其重在引导学生学会进行个性化的表达，并能够相互交流、认真倾听。

苏联心理学家维果斯基认为，意识的产生与发展是在广阔的历史文化背景中，由交往和活动引起的。建构主义接受并认同维果斯基的观点，进而认为，学生学习知识时的意义建构，是在真实的任务情境中，在交往中去实现的。因此，课堂教学是师生之间、生生之间为了达到某种目的而进行的一种交互性活动。当面临的学习任务具有一定的探究性，教师放慢自己的教学节奏，留给学生自主思考、彼此交流的时间，再进行全班性的汇报交流，有利于学生扎实有效地达到学习目标，增强学生学习的自信。这就是信息交流类留白的目标指向。

本章第一节"换一换"中的"小组合作，确保人人参与"，就是较为典型的信息交流类留白。在该类留白的过程中，教师要关注学生信息交流的有效性，加强巡视与指导，制定"人人要参与，人人要留名，人人要上台"等合作约定——

人人要参与，即小组内每个人都要参与交流和讨论，谁都不能不发言，谁都不能只管自己。每个人都要清楚地知道组内每个人的观点，并能作为代表进行讲述。

人人要留名，即完成学习单等书面作业时，每个人都要参与其中，留下自己的实践痕迹与姓名，每个人都要有自己独特的发现或见解，做到不重复，不雷同。

人人要上台，即在展示环节每个人都要上台，可以进行不同的角色分工，哪怕只是帮忙举着道具也行；而且下一次展示的分工要有所不同，不能连续两次都承担同样的任务。

这样的合作约定，有效地督促每个学生都要参与交流与讨论，必须大胆表达与认真倾听；启发学生将口头表达与书面实践相结合，进行深度的思考，提出有个性的见解，并留下姓名进行确认；激励每一个孩子都能大胆展示自我，于团队合作中不断锻炼自己，挑战自我。信息交流类留白，留出的是学生团队合作的自主时空，成就的是学生自我的成长与全面的发展。

五、扬长补短类留白

扬长补短类留白指的是引导学生在阅读思考和学习讨论中，学会反思与超越自己原有的认知，通过合作学习、自主作业、团队展示等方式来取长补短。其重在关注学生阅读认知的发展与语文关键能力的提升。

班级授课制下教师面对的是个性不一、学习风格各异的学习者。建构主义学习理论认为，个人的所有行动决定于他对世界的知识与看法，世界是客观存在的，但是对于世界的理解和赋予的意义是由每个人自己决定的；学生对知识意义的构建，是以自身的经验和体验为基础的，但是由于每个人的经验有限，对事物的理解只是某一方面，教学就要使学生超越自己的原有认知，看到那些与自己不同的理解，看到事物的另外一面。因而，扬长和补短类"留白"就显得很有必要。教师可以根据学习材料的特点，结合对学生的了解进行巧妙分组，在小组中开展合作学习，让每个孩子拥有取长补短的机会，通过小组成员及全班同学的共同努力，达到甚至超越既定的学习目标。

以《彩色的非洲》一课引导学生进行整体感知的教学为例——

师："非洲真是一个色彩斑斓的世界"都表现在哪些方面？

学生根据小组合作学习完成的答案进行汇报，教师随机板书：蓝天骄阳、植物世界、动物世界、自然景观、日常生活、艺术……

师：如果要将这些词进行分类，你有什么发现？

生：我觉得有些词好像是同一类的，比如"蓝天骄阳"应该就是属于"自然景观"的。

师：可不是吗？同学们还有发现吗？

生：我觉得"蓝天骄阳、植物世界、动物世界"这三个词应该都可以属于"自然景观"。

师：你们觉得呢？如果是这样，那么这篇课文可以简单地概括为哪几方面的内容？

生：我觉得就是这样的，这篇课文就写了非洲的"自然景观、日常生活和艺术"三方面的内容。

师：真能干！这些词语都在哪些句子中，谁来读一读？

指名读句子，课件随机出示过渡句。

师：联系全文读一读这几句话，谁又有自己的发现？

生：它们都是过渡句，有承上启下的作用。

生：每句话中都有"彩色"这个词，可以告诉我们这篇文章就是围绕"彩色"来写的。

生：再联系课文的开头和结尾，我们可以发现文章是用"总分总"的方法来写的。

……

教学过程中，教师引导学生聚焦小组学习中学生争议最大的问题，讨论文章写了哪几个方面，过程中教师不急着告诉学生答案，留出允许学生犯错的"白"，引导学生根据找出的不同词语，自己进行比照和概括梳理，发现"蓝天骄阳、植物世界、动物世界"都是指"自然景观"，充分暴露思维的过程，学习概括与梳理，以真正建构对文本的整体认知。这样的扬长补短类留白，倡导的是教师不回避教学过程中的曲折，不害怕可能发生的错误，而是通过暴露错误的思维来更好地提升学生的语文认知与能力，获得语文学习的勇气与自信。

六、异想天开类留白

异想天开类留白指的是创造独特的情境激发学生的想象力，实现与自我、与文本的对话，并进一步以语言为载体，展示自己的独特体验。其重在引导学生投入情感，进入情境，并鼓励学生进行创意阅读

与创意表达。

学习不仅仅是学习者与学习材料、教师、同伴的对话，通过这种交互关系来建构自己的知识体系，也是与自己的对话，以此来改造自己所拥有的意义关系，从而重新构建属于自己的经验体系。异想天开类留白带给学生发挥想象的空间，以原有学习材料、经验为基础，创造独特的情境来激发学生的想象力，实现与自我的对话，并进一步以语言为载体，展示自己的独体体验。这充分体现了学习是一种个性化的行为，教师要注重学生学习过程中的个性化分析与体验，加深学生的感受，从而让课堂不再是教师的表演，而是师生共同融入内心情感、富有温度的情境。

教师教学二年级上册《我是什么》时就可以运用异想天开类留白，为课堂增添更多生趣。

师：哇，水变的东西可真不少啊！太阳一晒就变成汽；升到天空，连成一片，变成云；碰到冷风，就变成雨，有时又变成雹子，还会变成雪。真有意思！能上天还能入地！（板画箭头）你感觉它就像什么？

生：我觉得它就像魔术师。

生：我觉得它是孙悟空，会七十二变。

生：它是变形金刚吧，这么会变。

生：哈哈……它是百变精灵，好像每天和我们玩躲猫猫，让我们去找它呢！

师：小朋友们真会想象！想不想也来当当魔术师，学学孙悟空，和水一起来变一变？

生兴致勃勃地齐声答：好！

课件出示第一自然段和图片。

师：我们先一起把这一池的水变到天上去，好不好？

读读课文的第一自然段，看水是怎么变到天上去的？在天上又是什么样儿的呢?

生开心地认真读文。

师:你想来变哪一句,就读哪一句。

生积极举手参与朗读展示,教师随机抓住"晒、极小极小的点儿、朝霞、晚霞"等词展开教学,引导学生进行理解感悟,感情朗读,积累背诵。

师:听着小朋友读书,我好像自己也变到天上去了呢!真能干!想不想再把水给变下来?

生更加兴致勃勃地回答:想!

师:我们赶快读一读课文第二自然段,看看水又是怎么变下来的吧。(出示句子)

生自由练习,认真读文。

师:你想带大家看到的是水变成什么呢?读给大家听一听吧。其他小朋友认真听,看他有没有让我们看清水是怎样从天上变下来的。

生积极参与朗读展示,教师随机抓住"小水珠、落""小硬球、打""小花朵、飘"等词语展开教学,引导学生感受水变化后的不同姿态和每个词语所表达的不同含义,并进行感情朗读和积累背诵。

……

在学生整体感知课文之后,教师通过导语进行有趣的小结,并顺势引导,为学生留出想象的空白天地,引导学生运用已有的阅读经验和生活经验发挥想象,突出"水"会变的特点,再以"魔术师、孙悟空、百变精灵"等有趣的想象,激励学生用读"把水变上天,变入地"表现"水"的变化多端和语言的生动有趣。孩子们因为有了自己独特的想象与感受,瞬间拉近了与文本的距离,激发了再读课文的热情与兴趣。文本语言因此变得亲切可感,理解感悟因此变得真实鲜活,学生积极主动地参与语文实践,对于文本语言的习得、内化与积累便水到渠成了。异想天开类留白让课堂拥有想象的美好，显出人文的温度，更提升了原有的效度。

以上六大类留白可分别呈现于不同的课堂，或同一课堂的不同环节，亦可集中呈现于同一课堂的同一环节之中。如上文《彩色的非洲》的教学，分别在"课外阅读链接"和"阅读练习"这两个教学环节中进行了拓展类留白，于自学课文、思考问题时进行认知生成类留白，并通过两次小组合作学习，进行信息交流类与扬长补短类留白。再如著名特级教师王雷英在执教《军神》一课时，要求学生通读课文之后，再次默读课文，提出有价值的问题；接着对学生提出的近20个问题进行梳理，并要求从中找到一个具概括性的问题来研究，从而聚焦于"为什么说他是军神"，引导学生联系课文的重点语句与自己提出的相关问题，进行朗读、讨论、感悟，想象动手术时"数72刀"的情景，最后进行拓展延伸，引导学生逐步丰满人物的伟大形象，感受人物的崇高品质。这一课中，王雷英老师以质疑类留白为主，以信息交流类和异想天开类等留白为辅，以学定教，于课堂学生问题的动态生成和解决过程中，达成三维教学目标的融合，促进学习方式的转变，并激活儿童潜在的问题意识与批评精神。

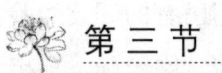

第三节

时段调控：保障儿童自主的学习时空

留白课堂所提出的"10分钟"，只是一个虚指的时间单位，意在让教师明确必须为学生的学留出时间与空间。课堂教学中何时留白，并没有定论，教师要基于学生的整体、学科的整体来进行留白。不同的学科、不同的班级，留白的时间及长短都是不同的，可由教师灵活调控。它要根据学情及学生需求，服务于整个教学流程，或延长或缩短，或集中或分散，置于课始、课中、课末皆可，亦可以某一主题内容为整体，统筹安排每个课时的平均留白时间。

根据"留白"在整堂课中所处的时间段，可分为以下几类：

一、始课时留白

美国教育家哈·曼说："那些不设法勾起学生求知欲望的教学，正如同锤打着一块冰冷的生铁。"上课伊始，往往是充分调动学生积极性、主动性的首要时间段，教师要有意识地通过始课时留白，让学生把注意力从热闹的课间转移到课堂上来，静下心来投入到学习之中。

因此，上课导入环节，教师应根据教学内容的特点，将留白的教学理念巧妙融入导入新课的设计中，通过设置悬念或展示预习能力等方式，激发学生强烈的学习欲望，促使其热情洋溢地融入课堂中来，拉开学习的序幕。

教学一年级下册《地球爷爷的手》，于导入时进行了这样的留白——

师：老师先作个自我介绍吧，我姓鲍（板书：bào），你们猜，是哪一个字？

生：爆——爆炸的爆。

师：老师可没那么厉害，也没那么凶，你看我笑眯眯的，像这个"爆"字吗？（板书：爆）

生：抱——抱抱我的抱吗？

师：我知道你说的是提手旁的这个"抱"，对吗？（板书：抱）大家用手抱一抱，真好！这节课，表现特别好的同学，下课后我们拥抱一下，好不好？但这不是我的姓。继续猜。

生：豹——豹子的豹。（板书：豹）

师：这是一种非常漂亮、奔跑速度非常快的动物，老师很喜欢，但可惜不是我的姓。

生：鲍——鲍鱼的鲍。

师：哇，你真厉害！见过这个字没？（板书：鲍）"鲍鱼"的"鲍"。鲍鱼是海里的一种动物呢！

师：你看，就这么一个读音却有许许多多的字，真有意思！与老师的姓同音的字一写就有两个和动物有关，所以我特别喜欢动物。你能告诉老师你最喜欢哪种动物吗？

学生交流自己喜欢的动物，过程中，教师有意识地引导学生注意说话的完整性。

师：小朋友们说得真好！有两只可爱的动物见小朋友这么棒，想来和大家一起上课，我们看他们是谁？（课件出示小猴、小兔的图片）

生：他们是小猴和小兔。

师：一起叫叫他们的名字吧，礼貌地和他们打声招呼吧！

生：小猴，你好！

生：小兔，你好！很高兴见到你！

师：它们还给我们准备了许多神秘的小奖品呢！让老师奖励给上课认真听讲、勇敢发言、动作又快又好的小朋友。想要吗？

第一学段的课堂只有创设轻松愉悦的氛围，才能引领孩子们全情投入，使课堂效率最大化。就如《地球爷爷的手》一课，课堂伊始，教师通过轻松的谈话创设良好的教学情境，根据文本围绕"小兔"和"小猴"的对话展开叙述的特点和小孩子喜欢动物的年龄特征，从对教师姓氏的猜字游戏中自然进入，与一年级的识字积累相融合，再引出小动物，自然有趣地和孩子们快乐携手，进入课堂。

到了第二学段，教师可以立足学生的语文能力，增强始课时留白的思维深度,例如教学《与时间赛跑》引导学生对课题进行质疑类留白,迅速开启学生的思维,引领其自己提出问题,自己解决问题。而到了第三学段,教师则要充分利用学生课前的预习,例如《彩色的非洲》等课的教学,教师就利用课前预习单,引导学生进行相互的交流与反馈,教师有效了解学情,为下一步的教学做好铺垫。

总之,始课时留白,或质疑问难入文,或预习反馈检查,或趣味语文活动,均要以激发学习动力、全面掌握学情为目的,以多种手段充分吸引学生,让学生的思绪从热闹的课间迅速转移到安静的课堂中来,拉开课堂学习的良好序幕。

二、课时中留白

为了确保课堂上每一阶层的孩子都能学有所获,我们已经于前文提出了"等一等"的留白操作要素,教师要根据课堂生成的情况,抓住教学的重难点、文章的关键词句及学生探究的兴趣点,巧妙进行课时中留白,让学生在质疑、认知生成、信息交流、扬长补短、异想天开等留白中自主学习,达成目标。同时教师还要关注课堂教学的各个环节,通过时间掌控、无声提示、延时回答、欲语还休等手段,有效促进课时中的留白成效。

时间掌控,即保证各类学生思考问题或语文实践的用时。"欲速则不达",教师一味赶时间、赶进度去追求所谓的高效,反而会导致教学的低效。教师努力均衡学生在课堂上表现的差异,用"等"来确保每一位学生都能在原有的基础上有所收获和提高,让课堂张弛有度,收放自如。

无声提示,即当课堂上有个别学生注意力不集中时,教师采用突然停止教学活动以提醒学生调整学习状态的方式。"此时无声胜有声",这样留下短暂的时间空白,可以有效地引起学生的注意,从而调整自己的不良行为。这种无声的空白，往往比言语的提醒或严厉的批评更有效果，特别是对于中高年段，既可以维护其自尊心，又可以勉励其更为自觉自律。

延时回答，即在课堂上教师提出问题后，给学生留出思考的时间与空间。课堂留白倡导每位教师在问题提出之后，对学生的回答至少要等待3秒钟。这样可以提高学生的积极性，使更多学生主动而又恰当地回答问题；还可以增加学生答题的信心，减少卡壳现象；更可以激发学生的发散思维，增加学生回答问题的多样性。

欲语还休，即在教学过程中，教师有意识地留下某些知识不讲，给学生暂时性的知识空白，从而激励其自主探寻。"一鸟入林，百鸟压声"，教师必须把课堂的精彩预留给学生，让学生在自己得出答案的过程中，寻得学习的途径与方法；在展示自我的过程中，获得学习的成就感与自信，并在过程中不断激发学习的动力，提升语文的能力。

三、终课前留白

课堂教学的结束不仅只是代表某个学习阶段的完成，还意味着新的学习阶段的开始。终课前有意识地巧妙留白，能带给学生进一步学习、探究的动力，加深对所学知识的理解与感悟，变"要我学"为"我要学"，实现自主学习的延续。

下面以一年级下册《地球爷爷的手》的结课留白为例——

（一）引读地球爷爷的话，初步了解答案

师：同学们分角色朗读得真好，地球爷爷忍不住也说话了。

教师引读地球爷爷的话——

生：地球爷爷说话了："不，我有手，而且有很大很大的力气，能让成熟的桃子掉下来，能让踢到半空的足球掉下来……我的手，就是你们看不见的地心引力。"

（二）结合课文内容，引导提出问题

师：地球爷爷说的这段话很长，谁能把它读得又正确又流利？

生再读句子。

师：这段话很深奥，很难懂，聪明的你们能像小猴、小兔一样提出不明白的问题吗？

生：什么是地心引力？

生：地球爷爷怎么会有手呢？

生：说是"手"为什么我们看不见呢？

生：地球爷爷的手真的有很大很大的力气吗？到底有多大呢？

生：地球爷爷的手还会让什么东西掉下来？

生：除了让东西掉下来，地球爷爷的手还会做什么？

教师根据学生的回答随机板书：为什么？什么？怎么？……

师：小朋友们真是会思考、会提问！让我们在黑板上选一个疑问词，用上问号，写下一个你最想弄明白的问题吧，看谁比小猴、小兔还能干！

学生练习，教师巡视，交流评改。

（三）课外延伸思考，鼓励继续探究

师：会提问、会思考的孩子都是特别聪明、特别会学习的好孩子。这节课，每个小朋友都带着问题走出课堂，看看谁能在课后自己找到答案。谁来说说课后准备怎样找答案？

生：我想问问爸爸妈妈，他们知道得可多了！

生：我想去书上查一查，我家有《百科全书》。

生：我看爸爸妈妈经常上网查资料，我也想上网看看。

生：我家的书如果找不到答案，我会让爸爸妈妈带我去书店或图书馆找答案。

师：哇，小朋友的方法真多！下节课我们继续读课文，继续来交流大家提出的问题和找到的答案吧。下课！

这样的终课前留白，让学生根据文本语言进行质疑，既进行提问的语言实践，又激励学生进行课外的自主探究；既从读到写融会贯通，又教会方法启发思维，可谓一举多得。终课前的留白，或进行拓展延伸，或进行个性情感表达，或设疑激励探索，或自主布置作业，都将激发学生进一步学习探究的动力，实现自主学习的延续，开发学生的无限潜能。

四、多课时集中留白

多课时集中留白指的是让孩子们在对某个主题单元进行了多课时的学习之后，于某堂课上较为完整地来呈现自己的学习成果，展示自己的学习能力，好好地"秀一秀"。

首先，教师要把握每个学段的教学目标与学生特点，基于整个小学阶段的教育目标，再逐层把握某一个学段、某一册书再到某一单元的整体教学目标，对任何一项教学内容都能有整体观照的意识。其次，教师要致力于为学生创设情境，搭建展示的平台，明确目标和要求，从扶到放让学生自己去经历从自我准备、小组交流、集体展示到评价反馈完整的学习过程，从而达成语文能力与核心素养的提升。

类似于每个单元的口语交际、展示台、综合实践活动等内容，教师都可以尝试进行多课时集中留白，以整节课甚至更多的时间，让学生运用本单元习得的能力，经过充分的准备后人人参与交流展示。中高学段教学略读课文时，也可基于整体采用多课时集中留白。例如学习六年级下册第四组课文"阅读外国名篇名著"时，教师首先和学生一起确定单元学习的重难点，把握主要内容，体会作品中人物的思想感情，关心人物的命运；再通过《卖火柴的小女孩》《凡卡》两篇精读课文的学习，让学生进行充分的整体感知，以读写结合来表达对卖火柴的小女孩和凡卡的同情之心，并于略读课文《鲁滨孙漂流记》的教学中适当放手让学生自主感知名著内容，交流讨论对于鲁滨孙传奇经历的感受；最后则完全放手让学生抓住主要内容、情感体会、人物命运等三个方面，通过小组合作学习、制作学习单、集体交流汇报等形式展示自己的学习成果。

多课时集中留白需要的是教师读懂儿童与读懂课堂，需要的是学生自主实践与大胆尝试，锤炼的是教师从扶到放的教学智慧与气度，锤炼的是学生完全自主的学习勇气与能力；收获的是教师在爱的放手后的无限惊喜，收获的是学生在自己做主后的生命成长。

五、一课时分散留白

多课时集中留白需要学习者具备一定的元认知策略，掌握相应的学习方法，自觉地运用到自己的学习过程中去，它更适合于具有良好的学习基础、学习习惯和学习能力的学习者。但孩子并非天生就具有优良的学习素养，需要教师在日常教学中不断培养。所以，一课时分散"留白"就显得极为必要。它是课堂中的润滑剂，可以为课堂营造民主平等的愉悦氛围，让整堂课变得学思结合、张弛有度，让教学以学定教、顺学而导，让学生享受无穷的学习乐趣，逐步提升学习能力与学习自信。

如上文中所提及的"板块式"教学设计在课堂中进行落实，就可以抓大放小，留出足够的时间与空间，让学生自主习得，积极参与，达成目标，形成能力。从五年级上册《珍珠鸟》的一课时分散"留白"的教学板块中就可再次佐证：

（一）分享各自的预习成果，课前留白，自主质疑，初谈感受

今天我们要来学习的是冯骥才先生写的《珍珠鸟》，这是一篇略读课文，同学们要充分展示自学、自读、自悟的本领。首先让我们来交

流一下预习作业单。

1. 扫清字音,理解词意。交流学生不理解的词语,重点理解"垂蔓、葱茏、眼睑"。

2. 质疑问难,关注重点。梳理学生的问题,引领思考文章重点句"信赖,往往创造美好的境界"。

3. 整体感知,初谈珍珠鸟和"我"。交流预习作业的第3、4题,谈谈对于珍珠鸟和"我"的初步印象。

【留白意图:通过预习作业单的形式来考查学生的自学能力,上课导入环节就营造自由民主的学习氛围,充分分享课前的预习成果,既巩固了学生课前学习的成效,又对课文有了整体感知,真是一举多得。】

(二)一读"我"的不同之处,默读留白,感受不一样的爱鸟之情

1. 作者养鸟和一般人有什么不一样的地方?快速默读,划出相关的语句。

2. 学生默读思考,交流发现。

3. 教师帮助梳理找到的句子,启发深度发现描写作者养鸟的语句中"决不、不管、不去……"等词都有"不"。

4. 作者如此不动声色,是真的不想理它吗? 师生交流,感受作者特别的爱鸟之情。

【留白意图:留给学生充分阅读、思考的时间,感受作者养鸟"不动声色"的与众不同,感受作者特别的爱鸟之情,教师只是进行点拨、引导,给予学生充分的自读自悟的机会。】

(三)二读"鸟"的特别之处,练习留白,交流梳理别样的读书收获

1. 默读课文,练习填表。请同学们再次默读课文,找出描写珍珠鸟的句子。填写表格,你又有什么发现?

2. 师生对读,校对答案,比较思考,修改订正。

3. 梳理表格信息（见下表），交流各种发现。（填的都是动词，珍珠鸟胆子越来越大，"我"与珍珠鸟交叉起来写，按事情发展顺序写……）

自然段	"我"	小珍珠鸟
第6自然段	决不掀开叶片往里看	更小的脑袋从叶间（　　）出来
第9自然段	不管它	打开窗子，也决不（　　）出去
第10自然段	不去伤害它	一点点（　　）近，然后（　　）到我的杯子上……
第11自然段	不动声色地写	完全放心了，"嗒嗒"（　　）着我颤动的笔尖
第13自然段	手中的笔不觉停了	（　　）在我的肩头睡着了

4. 师生合作读，感受美好。初步理解"信赖，往往创造美好的境界"。

【留白意图】：教师改变单一的学习方式，启发学生进行发散思维。学生通过填表练习，发现了动作描写、人鸟交互及事情发展顺序等文本秘妙，从而对阅读所提取的信息充分梳理，联系思考，朗读感悟，初步感知文本内涵，并实现从读学写、读写结合的教学整合，发展了学生的语文关键能力。】

（四）再读"信赖"的"美好境界"，想象留白，批注重点语段的"亲近"情意

1. 课文哪些语段让你觉得特别美好？再次默读课文，划一划句子，圈一圈词语。

2. 学生想象批注，写写美好感受。

3. 交流展示，再次感受"信赖创造的美好境界"。

【留白意图】：立足于第三板块的学习基础，教师删繁就简，让学生

阅读自己觉得美好的语句，进行快乐的阅读批注，自主选择，聚焦于自己感兴趣的语段，展开想象，由此体悟"信赖创造的美好境界"。】

（五）开放课堂的学习时空，课后留白，根据需要自主学习，拓展"美好"

1. 学生根据需要，自主学习。
2. 学生汇报交流，分享学习成果。

【留白意图：此处留白是对学生学习过程的延伸与拓展，既为学习能力较弱的孩子可以自行读读写写达成下限目标提供了保障，又为学有余力的孩子可以再走一步留出了可能。】

学习是学生自己建构知识的过程。教师通过课前留白、默读留白、练习留白、想象留白、课后留白等多元交互的留白，做到显性留白与隐性留白相结合，真正建立"以生为本"的理念，既深入教学的每一个环节，又给孩子留下一定的自主学习的空与白，让孩子们能自主添加自己想要的色彩，焕发语文学习的生命活力。

第四节

多元方式：激励语文素养的自主发展

留白课堂倡导课堂中必须有显性的留白时间与留白空间，这并非是一种形式主义的口号，也不是课堂中的装饰点缀，更不是教学技能的"花拳绣腿"。它立足新课程改革，以理性的态度来直面当前小学语文课堂教学的改革，让教师能够蹲下身子，做到心中有学生，努力绽放学生的七彩光芒，努力培养学生自主学习的能力，帮助学生在自主的学习过程中获得知识、探索真理。教师必须转变自己的角色为良好的倾听者、理解者、促进者、引导者、鼓励者，拥有足够的教学机智，促成课程、教师和学生各自蕴藏的精神能量的转换。

在这一过程中，教师要致力于以生为本、以学为主，并努力以标为纲、以导为方，要求教师依据语文课程标准、儿童的特点与学情、教材特点与教学目标，巧妙融入多元学习方式，以实现教与学方式的变革，主要可以采用以下六种教学方式：

一、情境式学习

学生并非是零起点走进教室的，他们在丰富多彩的日常生活或之前的学习活动中，已经获得了相应的经验和知识。哪怕是碰到一个全新的问题，他们也会从自己已有的经验背景出发，提出合乎逻辑的假设，完成自己的思考。所以，要想学生完成对新知识的意义建构，最好的方法就是引发他们对于现实环境的真切感受与体验，而不是"闭门造车"。

基于上述的认识，情境式学习重在创设学习情境与激励自主探索。它尝试为儿童创设具有感染力的情境，引发儿童解决问题的动机，通过课堂的留白与个别的指导，让儿童凭已有的知识经验进行探究，学习思考、解决与评价问题，多用于文章重难点的教学或能力提升的环节。

例如教学一年级上册的《比尾巴》一课时，教师就根据小动物们比尾巴的内容特点，创设了比赛的教学大情境。

（一）话比赛，入课题

1. 我们班的小朋友最聪明，最爱比赛了！小动物们也常常举行比赛。今天，大森林里就举行了一场有趣的比赛——比尾巴。

2. 学生读课题，识记课题中的生字。

3. 这堂课，小动物们要相互比尾巴，那小朋友们之间要比什么呢？

4. 学生回答，教师随机板画：眼睛、嘴、耳、问号、动脑筋等图

像,鼓励学生课堂上要仔细听、认真看、好好想、大胆说。

(二)认真读,比正确

1. 首先比比我们谁的眼睛最亮,能把字的样子、字的读音看清,把每一个字音读对、读准。

2. 学生自由练习朗读。教师巡视,表扬指导鼓励,为认真读书的小组贴上"眼睛""嘴巴"的奖励章。

3. 学生朗读展示,教师随机正音,用比赛方式鼓励读好前后鼻音、平翘舌音,并发奖励章。

(三)趣味读,比情感

1. 我们在比赛,小动物们也在比,而且结果已经出来了。想知道吗?你自己问问吧!(课件出示课文第1、3自然段)学生自由练读问句。

2. 学生展示,比一比谁问得最好。过程中教师抓住疑问词和问号,随机指导朗读,并发放"?"奖励章。

3. 如果会问还会自己找到答案,那你们就是最聪明的孩子了!(课件出示课文第2、4自然段)学生自由练读回答的句子。

4. 谁能用最好听的声音把答案读给大家听?学生展示,教师随机教学"长、短、一把伞、弯、扁"等词语,并奖励"小巧嘴"章。

5. 谁会三个一起问,一起答?小组合作读,男女合作读,师生合作读。

(四)玩游戏,比识字

1. 小朋友真能干,得到了那么多的奖励章。它们背后还藏着礼物呢!(生字的声旁与形旁)

2. 学生用奖励章进行小组合作,为生字宝宝找朋友,复习生字。

3. 学生写字,教师指导巡视。

（五）比作业，妙延伸

1. 这节课，我们跟课文中的生字、词语宝宝，还有小动物们玩了一节课，下课或回家后，想为他们做点什么吗？

2. 课后延伸，自主作业：（"★"为选做题，"……"提示可自己另外选择其他作业。）

为他们做点什么：

1. 把课文读给你喜欢的人听。

2. 用自己的方式和生字宝宝交朋友。

★ 3. 为丢了尾巴的小动物画一画尾巴。

……

该课的情境式学习，首先，创设了比赛的大情境，将小动物们比尾巴和小朋友们比谁最棒相整合，把对学生的常规教育、良好学习习惯的养成和课文的学习和谐地融为一体。既让学生保持了良好的学习情绪，又很好地进入了课文的情境，在自己去提问、来回答，比谁会看、会听、会学、会想、会问、会答的过程中，引导学生一步步地把课文读正确、读流利，把问句读好，把小动物读可爱，使课堂如同这首富有童趣的儿歌一般地充满情趣，课堂气氛轻松自然，学生积极愉快。

其次，与生活中的游戏情境相整合。识字是低年级教学的重点，让学生在一次次课文的朗读中与生字不断地见面，再通过游戏，在小组合作拼字的过程中，了解其结构，认识其笔画，感受合作学习的快乐。这样，将识字分散于课文的朗读中与读后的游戏中，既避免了识字的单调乏味，降低了学生识字的难度；又增加了学生识字的兴趣，在自己动手、相互合作中，与生字快乐地"交往"，将它们牢记于心中。

另外，进行了课内外生活的整合。一堂课的结束、一天学校生活的结束绝不是学习的结束。学习的外延与生活的外延是相等的。以"为他们做点什么"这样感性的话语启发学生在课外自主作业，进行课外延伸，让学生真正感受到了学习无处不在，学习是我们快乐生活的一部分。这样的情境式学习，让留白巧妙融入学习过程之中，让课堂成为学生自觉自主的历练场，吸引并激励学生全情投入其中，享受语文学习的快乐与幸福。

二、协商式学习

为了改变学生在学习过程中被动、不情愿、不满或受强制的状态，使他们成为主动、乐意、高效的学习者，布姆等人提出了协商式学习，指师生共同讨论、商量决定学什么、怎样学以及学得如何，亦即师生通过协商共同做出有关学习的决定，共享学习的权利。协商的结果可能达到师生思想感情的沟通、学习意愿的联结、学习手段和结果的共识。

留白课堂所采用的协商式学习，重在师生平等交流，共同商定学习的内容与方法。即课堂上，师生共同协商语文课的学习内容、学习方式与成果展示形式等问题，共同参与设计课堂的学习活动。它多用于并列式结构或较为浅显的教材内容。

下面以一年级上册《四季》一课的教学为例——

师：四季王国的景色美不美？让我们读读课文，仔细观察书上有几幅图？课文共有几段话？

生自读课文，寻找答案。

师：这么美的季节你最喜欢哪个呢？

生：我喜欢冬天，因为冬天可以打雪仗。

生：我喜欢夏天，因为夏天可以吃棒冰。

……

师：那小朋友们想先学习哪个季节呢？

大部分学生喜欢春天。

师：那就让我们一起领略春天的美景吧！

……

师：刚才我们学习了春天，回忆一下我们是怎样学习春天的？

生：先朗读课文，再自己发挥想象说话，然后有感情地朗读课文、背诵课文，最后仿照课文说一说。

师：现在就按照你们自己归纳的学习方法自学，也可以用自己喜欢的方式学。

学生自由学习。

师请小朋友来向大家介绍一下你喜欢的季节。（夏天、秋天、冬天三部分，根据学生学习交流的先后随机进行教学。）

生介绍，师相机引导。

师：选择你最喜欢的一个季节，用你喜欢的方式表达你对它们的喜爱之情，可以小组合作。（生分组准备）

生唱《小燕子》赞美春天、朗诵关于秋天的儿歌、讲述堆雪人打雪仗的快乐……

师：大家表演得真精彩，四季王国因为你们更美了，你们因为《四季》变得更能干了。语文课真是太有趣啦！

根据一年级孩子的身心特点及学习规律，在留白课堂中巧妙融入协商式教学方法，在轻松有趣的谈话中和孩子们协商确定课堂学习内容。通过回顾上一环节的学习方法，由扶到放，让学生选择自己喜欢的学习方式来学习课文的其他段落，既给予学生自主选择的权利，又进一步拉近学生与文本的距离，帮助学生学以致用。最后，让学生选择自己喜欢的表现方式，又唱又跳，又诵又笑，气氛活跃，掀起了语

文学习的高潮，充分展示了学生日常的生活积累，又进一步激发了学生对大自然的热爱之情。这一处又一处的留白，因协商式学习策略的运用而变得更加民主平等、自由自主又充实有效。

三、表现式学习

每个人都有表现的欲望，期望通过良好的表现获得同伴与集体的认可。在学习过程中，教师要善于激发学生表现的欲望，指导学生做好表现的准备，给予不同层面的表现机会，让每一个学生在表现中获得自我的满足和能力的提升。留白操作要素中的"秀一秀"，就是对这一学习方式的生动诠释。

留白课堂中的表现式学习重在激励学生进行自信的学习与成果的展示。它引导儿童将学习的结果以及个体内在良好的素质充分地外化出来，即"学以致表"。同时教师及时抓住表现中的生成，关注学生的多元解读和思维方式，进行有针对性的指导，切实有效地帮助学生习得能力。它多用于感情朗读、个性表达、作业展评、团队合作等环节。

在"秀一秀"章节，我们已经阐述了如何以"秀"为手段丰富留白的形式和内涵，如何以"秀"为目标激励学生自主学习、有效发展。本章节将进一步阐述教师如何就学生的表现式学习进行有针对性地点拨与指导，提升表现式学习的效度。

以《数星星的孩子》一课教学中的朗读指导为例——

学生通过学习单的学习发现课文第1～3自然段的语言特点之后，教师再引导学生进行表现式学习与展示。

（一）明确朗读目标

师：哇，真是会读书啊！每个句子藏着的奥秘都被你们找出来啦！那读书闯关肯定没问题，下面小朋友就赶紧拿出黄色闯关单，再好好读一读，练一练，给自己评一评，看谁是五星级的朗读高手，好吗？

学生自主练习朗读，教师巡视，指导每个学生都完成自我评价。

（二）展示朗读能力

1. 闭眼想象读。

生：晚上，满天的星星像无数珍珠撒在碧玉盘里。

师：星星多吗？哪个词语能告诉我们，你能把它们读出来吗？

学生再次朗读，突出了"满天、无数"等词。

师：星星好多啊！星星美吗？你从哪个词感受到的？

生：星星很美，因为像珍珠一样。

师：是啊，还有哪个词也很美？

生：碧玉盘，就是碧玉做的盘子，一定也是很美的。

师：是啊，这里作者用了比喻，把星星比作了——

生：无数珍珠。

师：那又把什么比作碧玉盘呢？

学生一时都想不出来，教师再作引导。

师：珍珠撒在碧玉盘里，星星挂在天上。这样想一想，谁知道了？

生：天空。作者把天空比作了碧玉盘。

师：是啊，星星像无数珍珠，天空就像碧玉盘，多么美丽啊！大家再美美地读一读。

学生闭上眼睛想象读，把句子积累在心里。

2. 做动作表演读。

生：一个孩子坐在院子里，靠着奶奶，仰起头，指着天空数星星。一颗，两颗，一直数到了几百颗。（一边读，一边做动作）

师：动作都做出来啦，真好！我们一起来演一演吧！

学生集体进行表演读：一个孩子坐在院子里，靠着奶奶，仰起头，

指着天空数星星。一颗,两颗——

师生情境对话:现在100颗,还要数吗?200颗了,还数吗?300颗,继续吗?400颗,还要继续吗?……

师:张衡啊,你这么数星星累不累啊?

生:不累,我觉得很有意思!

师:这位张衡,你觉得累吗?

生:我觉得累,但我想成为天文学家,所以我要继续数。

师:这位同学很有理想。但是当时张衡还没到上学的年纪,你们觉得他数星星主要是因为喜欢,还是想当天文学家呢?

生:我估计他还不知道天文学家是什么意思呢!我觉得他是因为喜欢。就像有时候我们因为喜欢做一件事,就会觉得时间过得特别快,还特别轻松一样。

师:这位同学能结合自己的体会来读懂张衡的心,真棒!数星星是多么有趣的事啊,我们再来读一读这句话吧!

3. 分角色读对话。(略)

上述关于有感情朗读的表现式学习,教师主要就比喻句和数星星的感受进行了有针对性的指导。课文的比喻句是学生理解的难点,学生往往只知道"珍珠"是"星星",而不理解"碧玉盘"形容的是什么,教学过程中教师铺桥搭路,从星星的多到星星的美,以"珍珠撒在碧玉盘里,星星挂在天上"来帮助学生进行迁移与联系,从而理解碧玉盘指的就是夜空。第二处朗读展示,学生容易在感受张衡数星星的过程时讲一些"假大空"的话,比如"成为天文学家"之类。留白课堂呼唤的是学生最真切的体验与最真实的声音。只有这样,学生才不会在日后的学习中,察言观色地按老师想要的答案去思考问题,从而丢失了自我。因此,教学过程中,教师要时时关注学生表现的真实性,真诚地予以引导,帮助其进行真实的思考与真正的学习,让每一个孩子都成为真实可爱又阳光自信的自己。

四、契约式学习

契约式学习是培养学生自主学习能力的有效途径之一，它最初被应用于美国、加拿大、澳大利亚等国家的正规或非正规的成人学习情境中。留白课堂将它运用于小学语文课堂上，重在激发学生的内在需要，自拟目标计划。它以师生共同拟定的学习目标与计划为载体而展开教学，特别关注教与学双方在决策过程中的相互关系及儿童对学习结果的自我评定。多用于全册教材、主题单元、某一课或某一时间段的学习目标制定中。

比如开学初，学生拿到教材都会倍感新鲜。教师可以引导学生通过对目录和各个单元课文内容的浏览，大致了解本册教材的主要内容，于开学第一堂课，和孩子们一起明确本册的学习目标，确定学习的重难点，并引导每个孩子根据自身的需求和目标，制定相应的学习计划。就以六年级下册的语文教材为例，教师可以首先引导学生读懂六组课文的学习主题，明确每个单元学习的重难点，了解口语交际与习作的要求，整理语文园地要求积累的内容；再让学生制作成表格，明确自己的学习目标和需要提前做的准备，制定相应的计划。在学期中，教师要及时引导学生就单元主题、某一课或某一时间段的学习，根据计划表的安排进行自我评价，并不断调整自己的学习目标与方法。（如下表所示）

六年级下册语文学习计划表

班级：_____ 姓名：_____

单元组别	学习主题	学习重难点	交际与习作	园地积累	课外阅读	需准备事项	目标达成情况	整改措施
一	人生感悟	抓住重点句段，联系生活，领悟内涵；把握主要内容，体会表达的不同方式，尝试运用。	第一次 漫画	古文名句 成语故事	小故事大道理			
二	民风民俗	了解民风民俗，体会详略得当等写法；运用学到的方法，展开调查，了解民风民俗。	关于民风民俗	节日古诗 趣味语文	21世纪中国少数民族风情录			
三	深深的怀念	把握主要内容，体会真情实感，解课文的叙述顺序，学习运用。	我的理想	囚歌 课外书屋	红岩			
四	外国名著篇名	把握主要内容，体会作品中人物的思想感情，关心人物的命运。读外国文学名著。	学会生存 自我保护或读后感	诺贝尔文学奖获得者名言 趣味语文	鲁滨孙漂流记 汤姆·索亚历险记			
五	科学精神	把握主要内容，学习用具体事实说明道理的写法。读科学家传记或科普作品。	辩论会 自由创作，编小学作文集	四字词语 成语故事	细胞生命的礼赞			
六	难忘小学生活	回忆小学其乐的情感；用各种语文形式表达对其情感；选择性开展临别赠言，为母校做点事，策划毕业晚会等活动。	表达师生情、同学情和对母校的感激之情	无	草房子			
七	古诗词背诵	理解诗意，背诵积累，默写通过。						
八	综合复习	自学课文，小组合作学习，汇报展示。						

到了复习阶段，学生则可以再根据自己的学习情况，制定个性化的学习计划，从识字写字、阅读、习作等方面，找出自己的问题所在，制定有针对性的改进措施，图文结合，为自己量身定制有效的复习方法与检测评价方式。

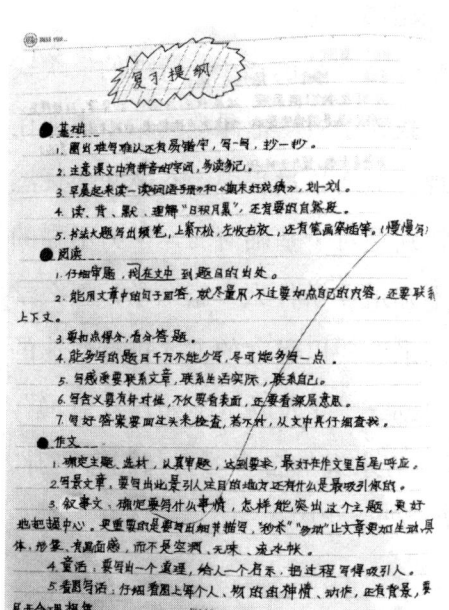
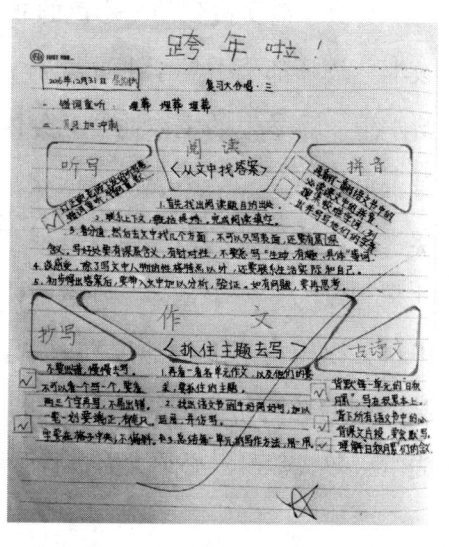

这种契约式学习的留白方式，真正立足于学生的学习基础与学习需求，让学生在制定计划的过程中起到梳理知识与内容序列的作用，更好地明确学习目标；又可以激励学习能力强的学生对自己提出更高要求，保障学力发展水平较低的学生学有所得，让教师更好地了解学情，并在教学过程中及时跟进指导与鼓励点拨，切实地促进每一个孩子的发展。

五、先学后教式学习

建构主义学习观进一步强调学习是学习者主动建构知识的过程，学习并不是把知识从外界搬到学习者的记忆中，而是以学习者已有的经验为基础，通过与外界的相互作用来建构新的知识的过程。留白课堂的先学后教式学习，重在以学定教，顺学而导。它要求学生利用课堂的留白进行自主学习，运用已有的知识、经验来尝试解决问题，再针对学习过程中存在的困惑、错误予以分析，教师则根据学生的需要展开教学。语文教学的任何环节都应该尝试运用。

类似于前文提到的《彩色的非洲》《数星星的孩子》等课的板块式教学，教师都是引导学生进行先学后教式学习，把课堂真真正正地还给学生，让学生的主体地位充分体现。但实施过程中，有老师会疑惑是否浪费时间、会不会显得低效？特别是对于基础薄弱与学力不强的学生，让他先学的话，他或许根本不知道要学什么，怎么学，怎么学才是有效的……于是，一些老师依旧采取一以贯之的方式进行快速的串讲，以求得想要的速度和效度。但是，"授人以鱼不如授人以渔"，某一刻的耗时带来的将是日后可以一劳永逸的自主习得与能力提升。先学后教式学习，必须大力推行于留白课堂之中。

六、学案导学式学习

学案导学式学习重在教师精心设计，学生自主习得。它要求教师有效设计学生的学习活动，并以学习任务单等形式引领学生展开自学，建立学在导前、学中求导、学导结合、学以致用、尝试创新的学习模式。教师可抓住听、说、读、写、思等语文能力，从预习反馈、品读感悟、实践练习、复习拓展等环节进行设计与尝试。

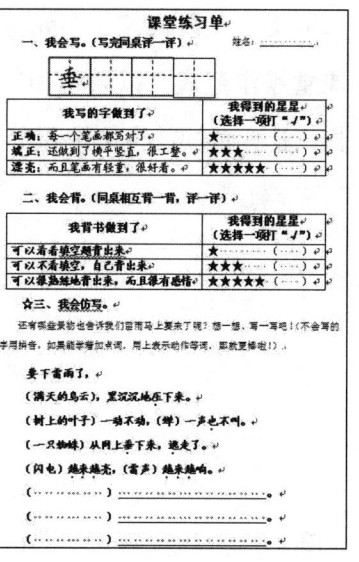

就以上面的两张"自主实践单"为例，其间有对儿童语文能力的实践与指导：学习想象读、表演读、分角色读等读书方法，明确笔画正确、横平竖直、工整美观等写字要求，尝试运用"什么景物怎么样"的句式仿写；有对儿童学习目标的明确与激励：朗读能够闭上眼睛读得美美的，写字可以做到横平竖直，背书能够很熟练而且很有感情，仿写能够用上动词告诉大家雷雨马上就要来啦；还有对儿童合作学习、自我评价等能力的引导与培养："我会读书""我会写""我会背"等题目既是要求又是激励，"同桌互评""我得到的星星"等语句既是要做好自己又要学会评价。依托这样的学案导学单，学生可以完全独立展开学习与活动，可以不再依赖教师的"教"，任何老师来上甚至没有老师指导，都能够达成相应的学习目标，实现有效的能力发展。留白课堂，呼唤更多这样的学习方式。

总之，为了让"'留白'不白留"，教师要始终将学生放于教学的中心，将语文课堂教学方式的变革作为重点，努力尝试摸索、反思提炼、实践验证。经过多年的努力与积累，我们终于形成了以上四个一、

六大类、时段调控、多元方式等操作性强并具有实效的小学语文留白课堂操作范式，以激励和促进儿童语文关键能力与核心素养的自主生长，让儿童绽放生命中那自由又灿烂的光芒。

第五辑

快乐生命,成长于留白课堂

· 悄悄告诉你,我们最盼望的就是鲍老师直接"罢工"啦!那样我们就有机会学着鲍老师的样子,认真严肃地打理课堂,以我们喜欢的方式和台下的同学们互动了。瞧,同学们像模像样地指点、推敲、互动,活脱脱就是一位"mini鲍"呢……

· 于是我们各尽所能,画画的画画,写字的写字,创作出了一张张各具特色的学习单。这些单子都很有特点:女生执笔的,一般画风都很清新,有着娟秀的字体和可爱的插图;男生执笔的,虽字、画不尽如人意,但思维逻辑清晰,有很多易懂的表格、思维导图等,各有妙处。而后同学们的讲解又让我们在更多的欢乐中学习语文,真是一举多得!

· 留白课堂,让我从懵懂无知的怯懦小女孩,成长为一个活泼开朗的优秀毕业生。留白课堂,让我们拥有自我,不在意别人的眼光,畅谈心中所想;留白课堂,让我们学会聆听别人的观点,学会分析问题,解决问题,寻求知识的真谛;留白课堂,让我们更爱思考,更善于交流,各方面能力都大大增强。我们幸运地成长在留白课堂。

第一节
留白课堂儿童说

一

大家常常说"我的青春我做主",的确,青春是由我们来把握的。因为我们的青春大部分时间在课堂上度过,所以,在我们班,又有一句话腾空而出,那就是我的课堂我做主!

"我的课堂我做主"指的是我们自发地按顺序"讲课"。这种新奇的上课方式被称为"留白课堂"。留白的课堂又是如何开展的呢?嘿嘿,那让亲身体验过六年的我们为大家一一道来吧。(金炫汝)

二

什么是留白课堂呢?

在我们的课堂上,老师常常不在讲台上。那讲台用来干什么呢?原来老师把讲台交给了我们。(杨天溢)

在课堂上留白,是鲍老师的一个理念。何为课堂留白?即让同学们多上讲台展示,展现自己的风采,老师少讲,或是直接让同学来上课。这种方法既可以不让学生觉得学习枯燥无味,又可以带动学习积极性,一举两得,是一种很好的教学方法。(陈依南)

留白，就是老师在课堂上给我们留下一点空白，我们在其中相互讨论，增长知识，将自己所学的东西与大家分享，每一个人都能亮出自己独特的发现与收获。（章筱然）

"留白"这个词在中国画中经常用到，指的是在画面上留有空白之处，使画面不那么拥挤，更有协调性，并给人想象的空间。但是，"留白"和"语文课"这两个看似毫不相关的词又是怎么结合到一起的呢？其实并不难——鲍老师语文课上的留白，就是把课堂留给我们，让我们能够自主地思考与学习。比起普通的讲课，这种方法让我们参与度更高，能真正学到的知识也更多，课堂气氛也显得更活跃。留白课堂，让我们更精彩。（夏翊涵）

三

我很幸运，拥有一位美丽智慧而善解人意的语文老师，正是在她的带领下，小学整整六年，我和我的同学们都取得了较好的成绩。这要归功于老师独特的教学方法——留白课堂。所谓留白，顾名思义，就是留下一方小小时间与空间，留给我们自己去想象、去发挥、去天马行空。你瞧，每堂课总有一些时间，等老师讲完了，同学们有的在读读记记上勾勾画画，有的在古诗鉴赏中吟诵数遍，有的则在语言交流上切磋几下……而我们的鲍老师则在一旁补充，让我们自己找知识点，找出语言的精彩与神奇。每节课总是一晃而过，总是让我们觉得时间不够用。（罗圣蕊、莫筠慧）

每次上课老师都会给我们留出一块"白"，让我们自由地充分发挥，帮我们把独特的思路和有趣的发现留下，帮我们擦去错误想法，还会由衷地表扬我们发现了她所没发现的来鼓励我们。

鲍老师就这样把一大部分的课堂留给了我们，从而使课堂更精彩，让我从此爱上了语文课。（温宇辉）

四

语文是我们最喜欢上的主课。因为鲍老师会为我们在课堂上留白,我们的年级越高,她讲的话就越少,课堂似乎都是我们在说,都由我们说了算。六年级,我们已经能够自己来上课了,当天的回家作业,也由我们自己来布置。到了第二天,则是同学给同学批改作业。用鲍老师的话来说,就是让我们也过把瘾,当一回老师,顺便体验一下当老师的各种滋味,做更爱学习、更会学习的好学生。(陈语桐)

我的语文老师鲍老师总有许许多多的上课法宝,就算原本上课不专心的同学走进了她的课堂,也一定会变得认真起来。在这许多的法宝之中,我最喜欢的就是留白。

你也许会感到十分惊讶,留白的意思不就是在某一处地方留下一片空白吗?空白怎么美丽呢?嘿,此留白非彼留白!

留白课堂不仅能让我们针对问题积极思考,主动探讨,使思维过程在课堂上得到充分展现,还能给我们留点时间,激发创造乐趣,用自己喜欢的方法去学习。我们怎能不喜欢留白呢?(杨成依)

五

留白,顾名思义,就是把课堂留出来交给学生。上课后我们会自觉地快速浏览全文,紧接着就是小组讨论,然后我们就在学习卡上写下和这篇课文有关的内容。同学们不仅会写上主要内容,还会写上自己的感悟和相关课外参考书中的一些问题,在展示时请同学来互动回答。

展示环节是整堂课中最重要的一部分,同学们会上台为大家展示学习卡,为大家梳理课文内容,解决预习时不会的问题。因为是原来一起坐着的同学站在讲台上讲课,我们不免多了好奇与期待,注意力大大提高,对课文自然也有了更透彻的理解。并且展示时四人必须要轮着来，因此，再腼腆的同学也会自信起来。

那老师干什么呢？她好像很忙，又好像很闲，有时在讲台旁边帮忙补充一下，有时在教室后面听，有时又低头和同学交流去了。这样，课堂上再也没有了古板的严肃气氛，而我们就在这轻松、活跃的学习环境中，不断地吸收着知识的养分。（章启）

六

老师将课堂交给我们，你在课堂上只会看到这样的情况：老师很悠闲，学生很忙碌。

刚开始上课时，鲍老师会让每一个四人小组先交流自己预习的成果，在每个小组的桌子上分发一张小白纸记录自己的发现、好词好句等等……再将这张小白纸进行美化、彩绘。接着各小组再准备几分钟的时间，然后逐一上台汇报。

我觉得这种学习方法非常好，有趣而不枯燥，会让人乐在其中，注意力不会分散，还会思考下一课要怎么做才会更好。学习更加有效果，每节课都会非常充实，重点比以往记得更清楚，所以，好的语文学习方式很重要。

语文课堂需"留白"。（陈雨菲）

七

有一次上语文课，同学们安安静静地等着鲍老师开始讲课，鲍老师一改往常的做法，而是以每四人为一小组，每一小组发一张白纸。鲍老师让我们把课前对这篇文章预习到的、发现到的都写下来，写下来后可以在这张纸上装饰一下，也可以自然天成，然后每组轮流上台汇报。汇报形式可以是一个人、三个人，也可以是整组，但必须确保人人在不同的展示机会中都上台。

我觉得鲍老师的这种教育方法很好，因为一般的课堂很无聊、很枯燥，有的同学可能上到后来就越来越想睡觉，老师讲的根本就听不进去。而且，光凭老师一个人讲课不可能面面俱到，但如果全班都来讲的话，那每一篇文章就都凝结着全班所有人的想法。文章内涵不就因此更为丰富了吗？

就像有一次我们组在总结《老师领进门》这一篇课文的大意时，余博文就为我们提供了一个点子，于是整组的人分工明确开始在文中找关键词、写大意。经过我们整组人的共同努力，最后我们呈现出来的是这样的：

　　　　国文老师姓田，
　　　　桃李满门上三千。
　　　　上课编故事，
　　　　十年近上千。
　　　　河畔堤坡遇老师，
　　　　恭恭敬敬谈往事。
　　　　十年树木，百年树人，
　　　　插柳之恩终生难忘。

这样的诗可不是光凭我一个人就能当堂作出的，不能不说是鲍老师留的白，给了我们别样的精彩！（余燃）

鲍老师给课堂留了白，让每一次课都在欢声笑语中度过，效果比只会读死书，整天愁眉苦脸的人好了许多倍。就连外省的语文老师见到我们的学习方法和学习卡也不禁大声赞叹。看来，课堂就应当为我们学生留一些白，这样才会让学习更加有效。（章启）

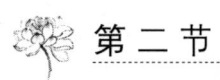

第二节
留白课堂儿童做主

一

你会不会在语文课上举手,老师却总不叫你发言?会不会你的观点总没机会表达或者被别人说出了?你会不会人在上着课,心却不知跑到了哪里?

我们的语文课堂可不会发生这样的情况——

鲍老师会先让我们交流合作,发现文章的"亮点",相互交流自己对这篇文章的发现和心得,简单抄下来(否则效率会低,导致速度太慢),做成小报。你把这些抄下来之后,可以自己加一点和这篇文章有联系的图画,装饰一下,就是一份十分精美的小报了。这小报不仅是一个精美的"艺术品",而且还包含了同学们与大家分享的独特见解。

接下来就是上台展示的时间了,每个人都有上台展示的机会,因为鲍老师规定人人都要参与,且每个人的分工还要有所不同。就这样,我们发现了不少平常不举手的同学的潜能呢!我们每个小组的成员各抒己见,为展示做着认真的准备。大家一一上台,有的小组形式普通却很有见地,有的呈现的方式活泼有趣,还有的非常幽默,让台下同学大笑不已……每一组的成果都分享到了全班,每一个同学都在展示与倾听中不断学习。

这么有意义又有意思的课堂,又有谁会走神呢?不少时候,因为我们的意犹未尽,我们都一致要求不下课,甚至把其他课借来上语文呢!(俞跃、杨成依)

二

早在一二年级时,鲍老师就对我们实行了课堂留白这种教学方法。这使得许多同学发挥出了自己的本领:擅长组织的同学会在展示前将组内同伴组织起来,让他们都有要做的工作;擅长制作PPT的同学会根据主题,图文结合,将他们组最想表达的东西用各种形式表现出来;擅长记录的同学会仔细记下展示中的重点、笑点、泪点,让别人一看就明白精彩的地方在哪里,清楚明了;擅长演讲的同学会借助PPT,声情并茂地向台下的同学们讲述自己的成长故事或学到的知识,引起大家的共鸣,让大家跟随着他,了解更多的新知识或露出愉快的笑脸,为他响起热烈的掌声……展示后,老师会做一个总结,升华整个主题。

到了五六年级,上台展示这个方法还在继续实施,不过老师又实行了一种新方法——上课完成学习单。同学们课前要好好预习课文,课堂上回顾对课文的预习之后,再给每个四人小组发一张一半A4纸大小的白纸,让我们在上面写主要内容、好词好句等课文的重点及特别的发现与感受,并适当布局美化。于是我们各尽所能,画画的画画,写字的写字,创作出了一张张各具特色的学习单。这些单子都很有特点:女生执笔的,一般画风都很清新,有着娟秀的字体和可爱的插图;男生执笔的,虽字、画不尽如人意,但思维逻辑清晰,有很多易懂的表格、思维导图等,各有妙处。而后,同学们的讲解又让我们在更多的欢乐中学习课文,真是一举多得!(陈依南)

三

"接下来,请同学们小组讨论。"鲍老师清亮的声音在我耳边响起。

我们小组四人迅速凑成一堆,埋头讨论起来——

"廉颇嫉妒心强,小人心计;蔺相如待人宽厚,两者形成强烈对比。"

"不是这样的,我倒认为廉颇是真性情,喜欢或不喜欢,从不藏着掩着,大大方方说出来,真君子气概……"

大家你一句,我一句,叽叽喳喳,好不激烈!我也紧跟讨论的节奏和步调,时而表述自己的想法,时而和同学针锋相对,时而一同攻击另一人的说法,好不畅快……"讨论时间到!请各小组将自己的观点和想法编成小报!"鲍老师一声令下,教室立马安静下来,同学们都拿出纸笔,埋头做语文小报。大家分工合理,干活有序,你编辑,我绘画,一个个转身就成了出色的编辑。(刘昕语)

四

同学们都很喜欢这种上课方式,早早地期待着鲍老师的身影来到讲台,听她特别有味道的嗓音,开启很有创意的开场白,紧接着,之后的时间就全是我们的啦。

我们将以四人小组为单位,各抒己见,发表自己的观点,分享自己的想法,一个个灵光闪现,那课堂别提有多热闹啦!在每一次争论之后,我们总会发现自己的准备还是不足,对课外延伸的知识尚有欠缺,当然,下一次的准备就会更充分。

我所在的小组以"感受"和"发现"为主。而我,总是那个和《词语手册》挂在一起的"牵线人","你想知道什么意思?""你确定那是对的?"……七嘴八舌到最后,鲍老师总会精简地概括出两三句话,对我们而言,句句可都是精华。

悄悄告诉你,我们最盼望的就是鲍老师直接"罢工"啦!那样我们就有机会学着鲍老师的样子,认真严肃地打理课堂,以我们喜欢的方式和台下的同学们互动。瞧,同学们像模像样地指点、推敲、互动,活脱脱就是一位"mini 鲍"呢……(詹以诺)

五

　　语文课上，老师会首先给我们一定的准备时间。鲍老师将课文引入课堂中，简要地讲几句作为总起之后，便是我们的时间啦。我们先花 5 分钟时间进行小组讨论，讨论结束，再花 10 分钟时间将讨论的知识点制作成学习小报。学习小报不大，也就只有半张 A4 纸大小，我们要将从课文中找到的好句好词、独特感受与发现进行解析和评价。在小组中补充完善后，再将它们收集在一张小报上，画上花边来装饰，我们的小组讨论时间就告一段落了。

　　下来是我们的自主交流时间。交流时间一般为 15 分钟，我们以四人小组为单位，轮流上讲台，结合小报和语文书来与大家分享自己的发现。如果有重复，一提而过就好了。如果有独特的发现，那可得好好地讲具体。在每一小组讲完后，鲍老师都会结合每个人的发言启发我们再进行深入思考，让我们理解得更透彻；并且还会对我们学习小报的制作进行点评，让我们的成果呈现得更完美。当大家都分享完后，鲍老师会在最后的 10 分钟里，为我们这节课进行一一点评和总结，并再让我们进行一些有趣且有用的小练习。这样的课堂，我们个个都喜欢！（金炫汝）

六

　　马上要轮到我了，我有些害怕，但我想到这是给我的一次锻炼的机会，既然这样就好好努力吧，千万不能出岔子！

　　我知道备课很重要，所以我回到家后一直都在网上查资料、做 PPT、备课。希望到时候不会出岔子，可以讲得比其他同学更好。

　　第二天下课的时候大家都出去玩了，而我却心甘情愿地坐在教室里备课。

终于上课了,我很激动。第一次上课不知道效果怎么样,老师会怎样想,同学们又怎样看呢?……不想这些了——因为已经开始上课了。效果还不错,一切都按照我的计划进行。我先叫大家读一遍文章,把课文的生字读一遍,再叫大家思考课后题,并一一解答,然后叫几个同学概括主要内容,最后再交流自己的发现。看来老师们常用的教学套路我早就谙熟于心了。但是怎样评价同学的发言,和他们像老师那样对话,却怎么也做不到。幸亏有老师在场,时不时帮我救场。

因为我自己成了老师,课堂由我说了算,万事都马虎不得,所以在认真准备和投入上课的过程中,我的收获还是大大超过了以往做学生的时候。(孙佳楠)

七

记得在学六下的《鲁滨孙漂流记》一文时,我们先听老师把自主学习的要求讲了一遍(圈画关键词句等)之后,就开始了激烈的小组讨论。我们小组采用了列表的方法,把所有发现分类成"写作特点""人物性格""文章结构"等几个方面,又把在文中的每一个发现一一进行归类。我把体现鲁滨孙乐观、充满希望的性格归到"人物性格"一类;而另一个同学发现"梗概"是按时间顺序写的,就归到"写作特点"一类。我们把这些发现都列成表,记在一张白纸上,再配上几张插图,一张实用的学习小报就完成了。

每个小组都会有自己不同的风格。我们组以文字为主,图画为辅,内容充实;有的组则用图画来帮助理解文字,精美漂亮。在汇报时,每个组都能很好地展现自己组的成果,也都能从别的组身上学到东西。这种学习小报远比市面上种类繁多的教辅书有用得多。而鲍老师呢,只需在一旁指导同学们上台汇报的姿态、声音,再对内容做些评价与指导就够了。在这样的学习中,不仅能学到语文知识,还能训练口才、

提高演讲能力，甚至连老师都能从我们身上学到不少呢！这才真正达到了《礼记·学记》中说的"教学相长"的境界。（夏翊涵）

八

"同学们，大家好！今天这节课由我来带大家学习《真理诞生于一百个问题之后》……"与此同时，屏幕上出现了一张精致的学习卡。

这是在干什么呢？这是我们同学们在给自己上课呢！

时光回到前一刻，鲍老师让我们四人为一组，围绕课文做一张学习卡。卡片可以汇集课文的主要内容、写法、好词好句、对文章的一些发现……15分钟后分小组汇报。

鲍老师一布置完，同学们立刻开始小组合作。为汇报拟定标题，每人提出自己的看法和发现，同时点缀符合主题的小插画。你瞧，同学们一个个神情专注，有的说，有的写，有的画，一张张学习卡就这么诞生了。

回到现在，台上同学声情并茂地讲着，台下同学认真地记着笔记，像开火车般地一组一组轮流上台汇报。每个小组总能讲出一些新的思路，一个小组中缺少的内容总能在其他小组的汇报中找到，十来个小组，你补给她一点，她补给你一点。俗话说："三人行，必有我师焉。"更何况我们是38个人呢！发现得越多，内容越充实，课文中的形象越来越丰满，我脑子中的印象也就越来越立体。汇报中，时不时地还会闹些小笑话，增添了课堂的乐趣。这样既充实又妙趣横生的课堂，我们怎么会不喜欢呢？

这就是我们可以快乐做主的课堂——留白课堂。同学们最爱的课！（章怡凡）

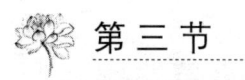

第三节

快乐成长留白课堂

一

鲍老师在周末或假期总会给我们布置做读书小报、纠错小报的作业。到学校后，会用语文课的时间让我们进行汇报和展示，老师会随机对我们进行引导，让我们相互取长补短，并在最后对我们做出评价，让我们在下一次活动中能够改进并提高。

平时语文书上的略读课文，鲍老师也会让我们自己讲。课堂上，我们读书之后各自用最短的时间做了一张迷你学习小报，并一组一组上台"教课"。前面有哪些特别之处或我们未想到的，都会在台下记录下来，互相学习。渐渐地，我们不仅仔细研读课文的每一个字句，还会利用《词语手册》《课堂作业本》《阅读快车》等课外辅助学习资料自己进行理解。每次，我们都讲得不亦乐乎，常常两节课都不够讲。

我们不再害怕上台，而且每一个同学都能在台上做到彬彬有礼又落落大方。在学习中，我们不但学会了与同伴分享成果，交流观点，还锻炼了表达能力和口才。在依次交流的过程中，每一个同学都参与课堂活动，开动脑筋，一起来思考问题，让我们的学习能力和效率得到明显提高。

课堂留白，既有趣又有用，真应该多加推广，让更多的小伙伴们的学习更有意义也更有意思！这就是我们最喜欢的课堂留白：happy、funny！（蒋许乐、金炫汝）

二

鲍老师的语文教学总是让同学们很感兴趣,为什么呢?最主要的就是课堂的留白。

在平时的语文课上,鲍老师通常会先提一个问题,再以"开火车"的形式一个一个同学轮流回答,说错、说对、有补充、有呼应都可以,只要你大胆地说出自己的想法就行。如果说错了也没关系,其他同学会踊跃站起来帮你补充纠正,这样可以给我们更多的思考空间和发言机会。

另外,鲍老师在每一个单元的最后一节课,都会让我们举行口语交际课。上的内容就是语文园地的"口语交际",我们一般会以小组推荐或自由分组的方式完成。第一种方法不仅考验了我们团队合作与分工的能力,也考验了我们的胆量,愿意作为小组的代表来发言。第二种方法最最重要的一点就是考验每个人的表达能力与语言组织能力。在班级讲台这个"舞台"上,让我在演讲方面学到了很多,比如演讲时的仪态、表情、语言的精炼。同学们不同的知识面让我大开眼界,从每个人身上都汲取了经验,让我站在了更高的平台上。

不仅如此,我们还有自己上课、互批作业等有趣的留白形式,这些让我的自主学习能力有了质的飞跃,为初中的学习生活打下了良好的基础。(何文婕)

三

我记得五年级下学期上纳兰性德的词《长相思》一课时,老师在课堂上讲了作者生平、成就和古今评价,又让我们背诵、默写该词,随后还让大家自主学习该课文。只见有的同学摇头晃脑低声吟诵,有的同学眼望远方,仿佛沉浸在百年前的风雪征程中,有的同学则把纳兰词与现前播放的电视剧联系起来。真是八仙过海，各显神通，纳兰性德和他的这篇作品已深深地烙在我的心中。在此基础上，我又自主阅读了纳兰的其他诗词和与他风格相近的作者的作品，如辛弃疾等，大大地拓宽了我的文学视野，让我深深地爱上了中国古典文学。（罗圣蕊）

鲍老师独特的教学风格，不仅让我们上课轻松，而且能大大激发我们的学习乐趣。尤其是鲍老师那双大眼睛里总是发出柔和的光，一脸的笑容使同学们感到和蔼可亲，使我们的语文课堂变得生动有趣。每次，鲍老师都让我们先分组讨论，同学们争先恐后地发表自己的想法，课堂气氛相当活跃。如果你碰巧路过我们教室，你怎么都不会想到我们在上传说中枯燥的语文课哦。这时的同学们呀，个个像上足了发条的机器，思路活跃，想法奇妙，大家把内容分层，归纳，做成小报。然后，鲍老师会请同学站上讲台，做一回小老师，把自己的发现分享给同学们。鲍老师则坐在学生的座位上，用欣赏的目光看着我们，她总是那样面带笑容，时而点点头，时而流露出惊讶的表情。此时的鲍老师是不是在想，我的这些小嫩芽成长了，带给了她一个又一个的惊喜呢？（温宇辉）

四

俗话说得好："三个臭皮匠，顶个诸葛亮。"我们班那么多同学，想到的东西一定很多，几乎每次鲍老师都会说她也知道了很多原来不知道的事情。因为我们人多，想到的东西自然也多。所以我们的同学在这样的课堂上都会多多发表意见，不仅让同学学到许多知识，也让鲍老师学到知识了呢！（俞跃）

我在"留白"课堂上学会了什么？我学会了如何抓住文章的重点，加以概括，把不需要的废话排除，用精练的语言与同伴陈述自己的观点,这样可以避免浪费时间。我还在课堂上更加专注了,记笔记多了,学到的知识也更加牢固地记在心中了。我成长了许多,但在这里我就不一一说了。毕竟,每个人的成长都是不同的。(莫筠慧)

鲍老师总是想出不同的方法,来激发我们的学习热情和兴趣,经常还会让我们自己制作语文学习单,并上台为同学们阐述观点。我觉得这是一种很好的教学方法,在你认真地做事的同时,既提高了学习水平,也提高了表达能力,而我们在认真做这件事的同时,总会想办法让自己做得更好,这样就能形成一种对自我高要求的态度。所以语文课堂的留白,可以让我们真正投入到学习情境中,以最有意义的方式,自己学到知识,锻炼能力。(尹成一)

我认为课堂留白有许多好处,首先,课堂留白能让我们学会如何仔细认真地预习,其次,它能留给我们足够的想象空间,能让我们运用预习所得到的知识与技能,进行思考和探索。最后,课堂留白还能培养同学们之间的合作能力。(杨安琪)

在这种具有魔力的课堂中,我们有了极大的学习空间,以放松的教学方式,无形中提高着我们的语文能力,让我们学在其中,乐在其中!我们都喜欢称它为鲍老师的超能力课堂。(詹以诺)

五

终于轮到我来体验啦!上课前一天需要备课,我和好朋友天溢一起,十分认真地上网查了近三个小时的资料,制作成了一个PPT。备课可比写作业费时多了!这是我的第一个感受。

第二天,我和天溢学着鲍老师的样子,还算顺利地度过了半堂课。到了后半堂课,几个"捣蛋分子"就开始蠢蠢欲动了:一会儿故意发出奇怪的声音,一会儿把桌子椅子弄得"嘎吱嘎吱"响,一会儿把橡皮切成块扔来扔去……我和天溢喊了数声"安静"都不见效果,最后还是以"加作业"和"免作业"的奖惩方法暂时控制住了局势。其实，当老师是很累的啊！这是我的第二个感受。

在课堂上还有一个问题，那就是尴尬。在我们提出问题却没人举手的时候，我们感觉很尴尬，当老师必须要学会如何化解尴尬的局面，这是我的第三个感受。

一节课是40分钟，当内容都讲完了的时候，还有5分钟才下课。那么这5分钟用来干什么呢？我灵机一动，当机立断，让同学们读课文。当老师还必须具备随机应变的能力，这是我的第四个感受。

第三天，看着桌子上一叠作业本，我叹了一口气：唉，下课都不能出去玩，必须要把作业批改好了，并且发还给同学们之后才能休息。而且，个别同学的字真的是"龙飞凤舞"啊！我看着头疼不已。当老师真的不是那么简单的啊！这是我的第五个感受。

当老师很难，很累，所以身为学生的我们更加不能再给老师添麻烦了。上课绝对要认真再认真，不可以讲话；对于老师提出的问题，都要尽可能地举手回答，避免上课时的尴尬氛围；做作业要把字写好，让老师在第二天批改时轻松一些。

语文留白课堂令我成长了许多，它是乘着"最珍贵的成长足迹"号小船在我的脑海中漂流的美好回忆，我永远都不会忘。（陈语桐）

我和小组同学带着精心制作的阅读单，走上了讲台。我汇报了我在文中找出的特别之处，并与大家交流了一番，可好景不长，我的汇报没有讲到要点。鲍老师向我提问，究竟哪些词语、句子反映出了特别之处？我顿时慌了神，懵了，并不知道应该说些什么，看着鲍老师的眼睛，一个字也说不出来。这时，站在我身旁的金炫汝同学给我救了场，我用充满感激的眼神望着她，朝她笑了笑。

下了台之后，我对金炫汝"感激不尽"，与她的友谊又坚固了不少。

通过这件事，我认为，留白课堂不仅能让我们自学，也能让我们互学，互帮互助，还能在展示的过程中练一练胆子。

这就是我们喜爱的语文留白课堂。

马上就要离开这样的课堂了，还真是舍不得。真希望能继续与同学们一起在留白课堂中学习！（谢静雯）

七

我觉得课堂留白有四种好处。第一，可以避免在被叫起来后不会回答的尴尬；第二，可以让老师避免口干舌燥的状态，也可以从中学到些什么；第三，可以让我们在娱乐中学习，在学习中娱乐，学起来不会感到无聊、枯燥；第四，可以学到多方面的知识，因为如果只有老师一个人在讲，我们只能得到一种思想。而这种方法一共有九组，就可以得到九种不同的思路和知识。

虽然马上要毕业了，我们已经不可能一直留在这样的课堂上了，但我依旧会把这种方法铭记在心，甚至想把这种办法介绍给我初中的老师，我相信他们也会喜欢的。至少我会认真听讲，把对小学老师和同学的思念化作力量，好好学习，天天向上。（陆思睿、韩知非）

八

三年前的我，一个瘦黑的小丁点儿，转学来到陌生的班级，心里充满了害怕和胆怯，四周都是陌生的脸。记得当年的一堂语文课，鲍老师在课堂上温柔地说："接下来，请大家结合老师上面所讲的几点，发表一下自己的看法。"只见同学们迅速围在一块儿，开始讨论起来。天生不善于交流的我，缩在旁边，不敢上前参加激烈的讨论，只是静静地听着。"喂，你怎么不说？轮到你了耶！"突然，三双亮晶晶的眼睛直勾勾地盯着我，盯得我心里发毛，我开始胆怯、生硬，甚至有点语无伦次地表达着自己的想法，而他们却听得很认真，甚至进行了记录。就这样，同学们和老师的鼓励和肯定，开启了我的留白课堂之旅。

留白课堂，让我从懵懂无知的怯懦小女孩，成长为一个活泼开朗的优秀毕业生。留白课堂，让我们拥有自我，不在意别人的眼光，畅谈心中所想；留白课堂，让我们学会聆听别人的观点，学会分析问题，解决问题，寻求知识的真谛；留白课堂，让我们更爱思考，更善于交流，各方面能力都大大提高。

我们，幸运地成长在留白课堂。（刘昕语）

九

我们的语文留白课堂有"三奇"。

第一是"课堂奇"。我们的语文课不同于一般的语文课，我们的鲍老师通常会留出一部分时间让我们自己来学习，给每一个小组发一张小卡片，请每一个小组来完成一张语文学习单，并将其展示出来。全班同学都能各抒己见，有了全班同学的想法，我们彼此的语文学习变得更加有效，更加全面。

第二是"作业奇"。鲍老师为我们布置的作业并不多，但对我们非常有用，而且我们班的作业不像其他班的作业只有读、抄、记、写，我们的作业形式多样，比如编写目录，给别的地方的小朋友写信，甚至是设计一本书的封面等等。我们总是对语文作业充满期待，将它当成可以用来珍藏的作品一般用心对待。

第三则是"活动奇"。可能很多人都会觉得语文就是抄抄写写，没什么意思；而我们的语文课每星期至少要开展一次活动，这些活动对于我们来说都是意义非凡的。我们有时开开辩论会，有时进行读书交

流会，有时还组织主题PPT展示会。这些活动，不但能让我们提高语言表达和概括提炼的能力，让我们有机会将自己的观点更好地表达出来，还能丰富我们的舞台经验和团队合作的能力，让我们倍感有趣，收获多多。

留白课堂其实又不只有"三奇"，它其乐无穷，其得无限。（许家豪）

跋

留白，从最初艺术的存在，到今天成为我们课堂教学的常态，走过了近十个年头。十年前还没有留白课堂，我们在实施"阳光教育"，把理想中的课堂称之为"阳光课堂"。当初我们关注到课堂缺乏生机与活力等问题，希望能在课堂上激活学生的生命，给予学生阳光般的滋养与温暖。可是当"阳光教育"成功立项为教育部课题时，专家还是认为我们原本应该占比重最大的阳光课堂，并没有从根本上促进课堂的变革，改变学生的学习方式，激活学生的课堂生命。"阳光"可以作为比喻的形式与理念的引领，但深入课堂还必须有更为标志性的策略与手段，为学生留足学习的时间和空间，让学生成为真正意义上的学习的主人，于是留白课堂应运而生。

课堂的留白，是表示新颖课堂关系的一种模式，一种对课堂内师生活动和课程内容等方面的空间布局与时序调节。它是课堂革命中一个非常强有力的留给学生自主探索的时间与空间的标志。有了它的阳光课堂，开始有了真正的阳光。我们老师开始不断反思自己是否做到了"四个一"："减一减"自己琐碎的语言和无意义的教学活动，"换一换"自己的主导和学生的主体地位，"等一等"学力薄弱和速度较慢的学生，"秀一秀"学生的知识能力与个性才情。我们学生开始了更为自主的学习与实践：在情境式学习中，联系生活自主探索，解决问题；在协商式学习中，与老师共同做出学习的决定，共享学习的权利；在契约式学习中，自己制定学习计划，自己达成目标；在表现式学习中，

结合自身特长，充分展示自己的才能；在先学后教式学习中，有了自己率先学习、不受牵制的机会；在学案导学式学习中，有了导学案，哪怕没有老师，照样可以学得有声有色、有滋有味。我们的课堂，真正有了阳光的色彩、阳光的温度、阳光的活力与阳光的热烈奔放。

留白课堂，一路走来，有过迷茫，有过纠结，关于如何让"课堂留白不白留""留白不白"的讨论曾经是我们不断思考的问题。但课堂必须留白，必须充分激活学生生命的信念却从不曾改变。语文作为最容易"迷迷糊糊一大片"、最不易留白的学科，首先行动了起来。如果作为小学课程比重最大的语文课堂，做不到真正的有效的留白，那我们学校的阳光课堂将一直都无法真正落地。在集团书记兼校长、浙江省语文特级教师黄凤英的指导下，经过学校语文组教师的共同努力，《小学语文课堂留白的实践与探索》立项为浙江省重点课题，集团三大校区有近30个班级的语文老师参与实践，开展了《基于学力提升的语文留白课堂》的展示活动，《雷雨》《数星星的孩子》《珍珠鸟》《茶杯与茶壶》《彩色的非洲》《藏戏》等典型课例一一呈现，《弱水三千，只取一瓢》《冗繁削尽留清瘦，课到生时是熟时》《做一个摆渡人》等叙事思考逐步深入，《我成长在语文留白课堂》《鲍老师的超能力课堂》《回忆·语文·成长》等快乐体验由衷而发……该课题于2017年10月顺利结题，本书作为课题成果即将出版。感谢我们课题组全体老师的积极参与和大胆实践，是他们的辛勤付出和共同努力，才促成了此项成果的诞生。感谢张化万老师、方展画院长、施光明所长、盛群力教授、滕春友主任、曹宝龙主任、王建敏教授、任为新教授、柳莲老师等专家莅临学校，对我们的实践给予切实的指导，对我们的研究给予真诚的帮助；感谢一直担任课题顾问的许战老师，感谢我们教育局副局长费蔚女士和我的恩师汪潮教授、王红老师一路的指引与照拂；更要感谢浙江大学的盛群力教授和浙江省教研室的滕春友主任拨冗作序，三易其稿，修改至深夜，对我们最后的成果进行了认真的审阅并给予了充分的肯定。

距离我第一本专著《阅读导航课程的设计与实施》的出版刚刚过了400多天，或许有人会疑虑不过一年多的时间就出版第二本书，是否只是为了出书而出书？非也！400多个日日夜夜，对于坚守在一线的我们来说，每一天都是弥足珍贵的。为学生的阅读"导航"是我身为语文教师20余年一直坚持并努力践行的事情，"导航"是我和我的同伴们多年来的实践结晶与教育使命，从来都不曾懈怠。"留白课堂"的实践是我们近十年来努力迎向课堂革命的一种挑战。"留白"依托祖国传统美学，却是我们基于当今课改的全新尝试，带给我们自我的反省与改革的觉醒，让我们激情焕发，宛若新生。"留白"是当今课改的必然产物，又是我们自发、自觉、自然的一份课改成果。它的诞生有着新鲜的热度与张扬的活力，是那么急切地想与大家分享与交流，哪怕会有批评与歧义，我们也始终相信，有了留白课堂的激活与生发，将会有更多的类似阅读"导航"等优秀课程的诞生，有无数自由热烈的生命成长于我们的留白课堂。因为——

"10分钟"，

于我们，

不只是时间，

而是自由呼吸、平等交流的窗口，

还是奇思妙想、快乐翱翔的天空，

更是温暖和煦的阳光和无限精彩的可能……

所以，

课堂"留白"不白留，

以学为主真在学，

"阳光"课堂真阳光！

主要参考文献

[1] 钟启泉. 读懂课堂 [M]. 上海：华东师范大学出版社，2015.

[2] 佐藤学. 教师的挑战：宁静的课堂革命 [M]. 上海：华东师范大学出版社，2012.

[3] 佐藤学. 学校的挑战：创建学习共同体 [M]. 上海：华东师范大学出版社，2010.

[4] 盛群力，马兰. 意义学习设计 [M]. 杭州：浙江大学出版社，2011.

[5] 朱永新. 教育的解放 [M]. 北京：教育科学出版社，2011.

[6] 黄凤英. 阳光教育，七彩少年——杭州濮家小学育人模式转换的新探索 [M]. 上海：上海教育出版社，2015.

[7] 鲍海淞. 阅读"导航"课程的设计与实施 [M]. 杭州：浙江教育出版社，2016.

[8] 维克托·迈尔-舍恩伯格，肯尼思·库克耶. 与大数据同行：学习和教育的未来 [M]. 上海：华东师范大学出版社，2012.